AF221122

RADFEm

Was ist mit der Frauenbewegung passiert? Die Standpunkte des Feminismus wurden aufgeweicht, der Begriff von antifeministischen Ideologien vereinnahmt. Die Frauen, die weiterhin kompromisslos gegen das Patriarchat kämpfen, nennen sich weltweit Radfems – radikale Feministinnen. Selena Broens beleuchtet in diesem Buch die Gründe für die Notwendigkeit des Radikalfeminismus und legt dessen Ziele dar. »Radfem« ist ein Plädoyer für den Fortschritt und eine Anklage gegen die westliche Gesellschaft, die im Namen des Kapitalismus und falsch verstandener Toleranz Frauenrechte opfert.

Selena Broens, geboren 1990, ist Radikalfeministin und Tierrechtlerin. Ihr erstes Buch »Unschuldsmonster« erschien 2021. Mehr Informationen unter www.selena-broens.de

RADFEM

konsequent – kompromisslos – feministisch

SELENA BROENS

Bibliografische Information der Deutschen Nationalbibliothek:
Die Deutsche Nationalbibliothek verzeichnet diese Publikation
in der Deutschen Nationalbibliografie; detaillierte bibliografische Daten sind im Internet über dnb.dnb.de abrufbar.

Herstellung / Verlag: BoD – Books on Demand, Norderstedt

ISBN 978-3-755-71686-0

radikal

Herkunft: lat. radicalis - mit Wurzeln versehen

Bedeutung:
- von Grund aus
- eine Sache von grundauf betrachten

Synonyme: rigoros, gründlich, entscheidend

INHALT

Einleitung

Das Wort »radikal« hat heute für die meisten Menschen einen negativen Klang. Zu Unrecht. Radikalität bedeutet, eine Sache von ihrer Wurzel aus zu betrachten. Nicht Symptome zu behandeln, sondern die Ursache. Sie wird nur dort problematisch, wo sich Menschen mit negativen Absichten radikalisieren. Feminismus ist die weltweite Frauenbewegung mit dem Ziel, alle Frauen und Mädchen aus der Unterdrückung des Patriarchats zu befreien. Radikaler Feminismus ist ein Begriff, der aus der Notwendigkeit heraus entstanden ist, und ist nichts anderes, als der eigentliche, ganz normale Feminismus, dessen Anhängerinnen für Frauenrechte kämpfen. Nicht pauschal für Menschenrechte, nicht für die Rechte von Männern, sondern für die Rechte jener Hälfte der Menschheit, die nur aufgrund ihres Geschlechts seit Jahrtausenden unterdrückt wird: Mädchen und Frauen. Aus dieser Unterdrückung kann sich keine Frau heraus identifizieren, indem sie behauptet, sie sei ein Mann.

Keine Somalierin kann dies behaupten und sich dadurch vor Genitalverstümmelung schützen, keine Afghanin kann dies behaupten und sich vor Zwangsheirat schützen, keine Deutsche kann dem Mann, der gerade versucht, sie zu vergewaltigen, sagen »Ich identifiziere mich als Mann« ... der Täter wird lachen und sie dennoch vergewaltigen, denn er vergewaltigt keine Identität, keine Selbstbezeichnung, kein Gefühl, sondern einen Frauenkörper. Er vergewaltigt, weil er glaubt, das Recht zu besitzen. So wie in anderen Ländern der Mann seine Ehefrau kauft oder gegen Güter eintauscht, weil er ebenfalls glaubt, das Recht zu besitzen.

Frausein und Mannsein ist Biologie. Unsere Unterdrückung als Frauen geschieht aufgrund unserer weiblichen Anatomie. Unser Aussehen, unsere Kleidung, unsere Frisuren, ob wir geschminkt oder ungeschminkt sind, spielen dabei keine Rolle. Es ist ein gefährlicher Mythos, dass nur im gesellschaftlichen Sinne attraktive Frauen vergewaltigt würden, dass aufreizende Kleidung dabei eine Rolle spielen würde oder dass die Verhüllung des Frauenkörpers unter einer Burka vor sexueller

Gewalt schützen würde. All diese Denkweisen sind das Ergebnis von patriarchaler Sozialisierung, die auch die Mehrheit aller Frauen verinnerlicht hat und darum zu Helferinnen des Patriarchats geworden ist.

Die heute moderne Genderideologie ist frauenfeindlich zu nennen. Queerfeminismus und Liberalfeminismus sind keine feministischen Strömungen, sondern falsche Begriffsverwendungen. Es sind Bewegungen, die sich feministisch nennen, aber Frauenrechte aushöhlen. Diese Bewegungen haben mit Feminismus nichts zu tun, denn sie leugnen das Geschlecht als unveränderbaren Fakt und ignorieren die Unterdrückung und Objektifizierung im Alltag und durch Pornografie und Prostitution. Im Gegenteil: All dies wird sogar als feministisch vermarktet. Mit dem verfälschten Feminismusbegriff werden Frauenrechte zerstört und erreichte Fortschritte rückgängig gemacht.

Warum ist konsequenter, kompromissloser Feminismus nötig? Weil wir im Jahr 2022 leben und Frauen bis heute von Männern unterdrückt werden. Nicht nur in Form der offensichtlichen Unterdrückung in fernen Ländern, sondern in jedem Land. Gewalt ist vorwiegend männlich, in all ihren Formen, denn sie ist ein Mittel des Machterhalts. Von Prostitution über Pornografie über Beziehungsgewalt, Kindesmissbrauch und Belästigung auf der Straße oder am Arbeitsplatz, bis hin zur Ausbeutung der Tierwelt durch Auslöschung ganzer Tierarten. Die Jagd als vorwiegend von Männern praktizierte »Sportart« und die Fleisch- und Milchindustrie, in der weibliche Tiere als Gebärmaschinen dienen und männliche Tiere aussortiert werden, nachdem ihnen von Menschenhand der Samen abgezapft wurde. Das Tierreich ist für den Mann genauso Beute, die stolz bezwungen wird (indem sie getötet wird) wie der Mann die Frau seit Jahrtausenden bezwingt. Der menschliche Mann als Herrscher über alles und jeden. Das ist keine Geschichte von vorgestern, sondern unser aller Leben im Hier und Jetzt, ob wir es wahrhaben wollen oder nicht. Kriminalstatistisch sind Frauen/Mädchen überwiegend Opfer, Männer/Jungen überwiegend Täter. Der Grund ist die Sozialisierung, die tief in Form des Patriarchats in uns allen verankert wird, sobald wir geboren werden. Kompromisse und verwässerter Pseudofeminismus, der sich queer oder liberal nennt, bringen uns nicht weiter. Stattdessen bewegen wir uns rückwärts.

Feministinnen unterscheiden Frauen nicht in arm und reich oder anhand der Herkunft, denn uns ist bewusst, dass jede einzelne Frau vom Patriarchat unterdrückt wird. Unbestritten ist, dass diese Unterdrückung sehr unterschiedlich aussieht. Während bei der einen Frau direkt Leib und Leben in Gefahr sind, leidet die andere unter den krankhaften Erwartungen der Gesellschaft insgesamt, die ihr Aussehen, ihre Mutterschaft oder ihr allgemeines Verhalten betreffen. Das alles hat jedoch die gemeinsame Wurzel der Männerherrschaft über Frauen. Radikalfeministinnen bekämpfen das Patriarchat, als die Wurzel allen Übels. Wir wollen keine Schadensbegrenzung, keine Gleichstellung von Mann und Frau, auf der Basis des allgegenwärtigen Frauenhasses und frauenfeindlicher Entscheidungen in Politik und Justiz. Wir wollen, dass Frauenhass endet, dass er bestraft wird, dass Jungen nicht zu Frauenhassern herangezogen werden und

Mädchen nicht zu manipulierten Frauen heranwachsen, dass Gesetze geschaffen werden, die uns tatsächlich schützen und die nicht nur auf dem Papier existieren. Radikalfeministinnen wollen das Ende des Patriarchats, auch wenn uns bewusst ist, dass es noch ein weiter Weg bis dahin sein wird. Die Etappenziele wären bereits heute leicht umsetzbar, wenn Frauenrechte politisch endlich ernst genommen werden würden.

Radikale Feministinnen gibt es seit dem 18. Jahrhundert. Die französische Schriftstellerin Olympe de Gouges war eine der Ersten in Europa und bezahlte es mit ihrem Leben. Viele folgten nach ihr, nicht zuletzt die militanten Suffragetten, die das Wahlrecht für Frauen erkämpften. In Deutschland wurde dieses feministische Ziel 1918 erreicht. In unserem Nachbarland, der Schweiz, erst 1971. In Portugal und vielen anderen Ländern noch später. In einigen Ländern dürfen Frauen bis heute nicht wählen. Die Suffragetten waren radikal. Sie waren das Bitten um Menschenrechte leid und griffen zu drastischen Mitteln, um sich Gehör zu verschaffen.

Sie hatten verstanden, dass uns Frauen nicht zugehört wird, wenn wir reden. Daran hat sich bis heute wenig geändert. Frauen werden angehört, aber was sie sagen, hat nur Gewicht, wenn es dem Patriarchat nicht im Weg steht oder ihm im Idealfall nützt. Nichts, was wir erreicht haben, wurde durch bitten, betteln oder verhandeln erreicht, auch nicht durch kluge Argumentation, die bei den Männern zu Einsicht geführt hätte. Das Patriarchat hat uns nichts geschenkt. Das Wahlrecht nicht, unsere Menschenrechte nicht. Alles wurde erkämpft und aufgrund von Druck letztlich realisiert. Erst als die Regierungen kaum mehr eine andere Wahl hatten. Viele Frauen starben dafür, gaben ihre Freiheit, ihre Gesundheit. Sie gingen ins Gefängnis, traten in Hungerstreiks, wurden gewaltsam zwangsernährt, wurden verprügelt und ausgepeitscht oder hingerichtet. Sie waren bereit, alles zu opfern, nur um etwas zu verändern. Sie waren radikal. Ihnen und uns selbst sowie unseren Töchtern und Söhnen schulden wir heutigen Feministinnen es, den Kampf weiter zu führen und uns nicht von Ideologien blenden zu lassen, die sich angeblichen Feminismus auf die Fahnen schreiben, letztlich aber nur dem Patriarchat nützen, Männer noch weiter stärken und Frauen verraten. In Entwicklungsländern hält der radikale Frauenkampf bis heute an. In diesen Ländern schaut man mit Argwohn in den Westen, wo sich angeblich emanzipierte Frauen plötzlich wieder ihre Schutzräume wegnehmen lassen und es dulden, dass Menschenrechtsverletzungen sogar als feministisch propagiert werden. Jede Frau muss sich die Frage gefallen lassen, ob sie für Frauenrechte eingetreten ist oder ob sie ihre Schwestern, ihre Vorfahrinnen und ihre Töchter verraten hat. Es gibt auf diese Frage keine neutrale Antwort, keinen Mittelweg, keinen Weg niemandem auf die Füße zu treten. Schweigen nützt nur den Tätern.

1. Leben im Patriarchat

Gebären

Die Geburt eines Kindes wird heute als der schönste Moment im Leben einer Frau und im Leben von Eltern angepriesen. Im Gegensatz zu früheren Zeiten ist die Geburt in der westlichen Welt heute eine geringere Gefahr für Mutter und Kind. Frauen starben früher häufig im Wochenbett aufgrund der schlechten hygienischen Zustände, die Infektionen wie das gefürchtete Kindbettfieber auslösten, das nicht behandelt werden konnte und Millionen Frauen das Leben kosteten, sowie aufgrund der eigenen angeschlagenen Gesundheit. Durch Mangelernährung, unbehandelte Krankheiten und ständige Schwangerschaften, fast jährliche Geburten und Fehlgeburten. Durch fehlende Vorsorge konnten Risiken nicht früh genug erkannt werden. Als Geburten in damalige Krankenhäuser und »Gebäranstalten« verlagert wurden und Ärzte in das bis dahin Hebammen vorbehaltene Gebiet drängten, verschlechterte sich die Situation für Gebärende.

Das uralte Wissen der Hebammen wurde ignoriert und die Geburt zum medizinischen Prozess erklärt. Hygiene, Vorsorgeuntersuchungen und die fortgeschrittene Selbstimmung über den eigenen Körper, Verhütung und straffreie Abtreibungen sind der Grund für die heute sicherer gewordene Geburt, nicht etwa, wie gern behauptet wird, das Gebären in Krankenhäusern. Moderne Geburtshilfe in Kliniken, in der Hebammenwissen wieder eine essenzielle Rolle spielt, ist bei Komplikationen und Krankheiten ein Segen. Ein Kaiserschnitt kann Leben retten, wenn es keine andere Möglichkeit gibt oder eine vaginale Geburt im Einzelfall zu gefährlich wäre. Er kann sogar geplant und besonders schonend, bei vollem Bewusstsein der Mutter stattfinden. Dieser Segen wird jedoch für gesunde Mütter mit gesunden Babys, die eine natürliche Geburt ohne Stress und Manipulation von außen haben könnten und haben möchten, in vielen Fällen zum Fluch. Ihnen wird dieses besondere Erlebnis verwehrt. In den letzten Jahren kamen die Probleme, die eine wirtschaftliche Optimierung sämtlicher Lebensbereiche mit sich bringt, an die

Öffentlichkeit. Frauen, die von Gewalt in der klinischen Geburtshilfe berichten. Diese Gewalt hat viele Gesichter. Es gibt sie schon seit langem, jedoch war und ist sie ein Tabuthema. Frauen wurde ab dem Zeitalter der Industrialisierung, als die Geburt immer häufiger in Krankenhäusern stattfand, beigebracht, dass zu einer Geburt nicht nur Schmerzen, sondern auch ein rauer Umgangston und Passivität gehören. Die Gebärende »wird entbunden«, dieser Sprachgebrauch ist leider bis heute üblich. Die Frau, die für die gesamte Geburtsarbeit zuständig ist, wird in die Passivität gedrängt. Das aktive, starke Wort »gebären« findet kaum Verwendung. Stattdessen »Entbindung«, »wird entbunden«, »hat entbunden« oder »entbindet« im besten Fall. Frauen liegen auf der »Entbindungsstation«. Entbunden werden sie nur allzu häufig von ihrer starken Rolle als Gebärende. Sie wird ihnen aberkannt oder gar nicht erst zugestanden. Eine Hebamme, die allein für drei Kreißsäle zuständig ist und zwischen diesen hin und her rennt (vor allem wenn es in einem Komplikationen gibt) verbreitet gezwungenermaßen Hektik. Zudem hat sie enormen persönlichen Stress, der wiederum zu Fehlern führt, ihr selbst gesundheitlich auf Dauer schadet und eine Gefahr für die werdenden Mütter und ihre Babys bedeutet. Nicht zuletzt auch, weil stetige Überlastung zu emotionaler Abstumpfung führen kann und diese zu unangebrachtem Verhalten, bis hin zu verbaler, psychischer oder physischer Gewalt. Eine Gebärende im Krankenhaus wird, so wie alle anderen, als Patientin bezeichnet, obwohl eine gesunde Gebärende keine Patientin ist. Wie bei allen Patienten muss ihr Aufenthalt in der Klinik wirtschaftlich sein. Das ist er nur dann, wenn medizinische Eingriffe durchgeführt werden, möglichst viele Medikamente gegeben werden, bis hin zum nicht notwendigen und von der Gebärenden unerwünschten Kaiserschnitt. Eine Frau, bei der alles natürlich regelrecht verläuft, die nicht viele oder keine Medikamente benötigt, aber vielleicht 24 Stunden oder noch länger Wehen hat, die sich langsam (wie von der Natur vorgesehen) steigern, bringt keinen Profit. Sie blockiert ein Zimmer und ein Bett. Das ist die heutige Tatsache im kapitalistischen Wirtschaftssystem Krankenhaus. Die

Frauenfeindlichkeit ist im Zuge der Wirtschaftlichkeit jedoch auch zu finden, wenn Frauen, die beispielsweise aufgrund von Traumata und Gewalterfahrung lieber einen Kaiserschnitt möchten, dieser verweigert wird, weil die Klinik aus Gründen der Werbung, die wiederum zu mehr Profit führen soll, ihre Kaiserschnittrate senken möchte. Die Gebärenden und ihre Kinder sind Spielfiguren. Sie werden dorthin gerückt, wo es für die Klinik am sinnvollsten ist. Inzwischen macht sich der positive Trend zur Hausgeburt, freien Geburt oder Geburt im Geburtshaus bemerkbar. Schwangere werden selbstsicherer und von vielen Hebammen in ihren Entscheidungen, fernab von Krankenhäusern zu gebären, bestärkt. Diese Entwicklung macht Mut. Neue Begriffe etablieren sich. Wehen werden in Wellen umbenannt. Sprache schafft Bewusstsein. Sprache kann unsicheren Schwangeren die Angst vor der Geburt nehmen oder diese verstärken. Hausgeburten sind dennoch weiterhin eine Seltenheit, weil die Haftpflichtversicherung für Hebammen kaum mehr bezahlbar ist. Hebammen, die gern Hausgeburten anbieten würden, können sich das finanziell oft gar nicht leisten. Der Politik ist dieses Problem seit langem bekannt, aber seit Jahren tut sich in diesem Punkt wenig bis nichts. Es leiden wie immer die werdenden Mütter, die gern eine Hausgeburt wollen und die Hebammen, die sie nicht anbieten können, ihre Selbstständigkeit auf Vor- und Nachsorge beschränken müssen oder als Hebammen in Kliniken arbeiten müssen, obwohl sie lieber selbstständig tätig wären. Viele Kreißsäle richten sich, zumindest oberflächlich, auf die Bedürfnisse von Schwangeren ein, werben mit selbstbestimmter Geburt. Wenn man sich jedoch die Realität anschaut, will diese so gar nicht zu den vollmundigen Versprechen passen. In jedem Kreißsaal ist auf den ersten Blick erkennbar, dass es sich um einen medizinischen Behandlungsraum handelt, egal wie viele Bilder mit Blumen an den Wänden hängen. Selbstbestimmung geht nur so weit, wie das Personal Zeit und Geduld hat, die Situation juristisch nicht zu riskant wird und es sich finanziell lohnt. Die Anwesenheit von Arzt oder Ärztin bei einer Geburt ist, sofern es keine schweren Komplikationen gibt, nicht erforderlich. Dennoch

werden sie spätestens während der letzten Geburts-
phase herbei gerufen, aus juristischen und versiche-
rungstechnischen Gründen. Zur Absicherung für
das Krankenhaus. Für die Gebärende bedeutet das
ein weiteres Mal das Eintreten einer fremden
Person. Das Öffnen der Zimmertür oder Hektik in
ihren intimsten Momenten, nur damit ein Arzt oder
eine Ärztin daneben steht und zuschaut, wie Hebamme und Gebärende arbeiten.

Das Gebären auf dem Rücken liegend ist die un-
natürlichste und nachteiligste Gebärposition und
dennoch üblich. Sie kam erst in Mode, als Geburten
in Krankenhäuser verlagert wurden, damit das
Personal einen freien Blick zwischen die Beine der
Gebärenden hat und ungestört Eingriffe durchführen kann. Die Frauen in Naturvölkern gebären
im Hocken, im Sitzen, im Stehen, gestützt von
anderen Frauen, auf den Knien, auf der Seite liegend oder im Vierfüßlerstand. Vor allem, sich je
nach Gefühl frei bewegend. Das sind die natürlichen Geburtspositionen des Menschen und bei
allen von ihnen hilft die Schwerkraft der Gebären-

den. In der Rückenlage ist das Gegenteil der Fall. Frau und Baby müssen beide gegen die Schwerkraft arbeiten und das Risiko eines Dammrisses ist auf dem Rücken liegend erhöht. Die Vorteile hat nur das Personal, besonders wenn Eingriffe stattfinden, wie die vielfache Kontrolle des Muttermundes, die für die meisten Frauen mit zusätzlichem Schmerz verbunden ist und keinen medizinischen Nutzen hat, sondern nur den Geburtsfortschritt anzeigt. Die Verkabelung, zum Messen der Herztöne des Babys, das Anlegen von Infusionen (häufig mit Medikamenten, welche die Geburt beschleunigen sollen und so zu unnötig starken Schmerzen und so genannten Wehenstürmen führen) oder gar das Festschnallen der Beine in Halterungen behindern die Frau in ihrer Bewegungsfreiheit und führen zu unnötigem Stress. Diese Manipulationen des normalen Geburtsverlaufes bringen dem Krankenhaus Geld und der Gebärenden meist keine Vorteile, häufig sogar Nachteile, bis hin zu gesundheitlichen Schäden und im schlimmsten Fall Traumata.

Geburtsstillstände sind ein Phänomen, welches die Natur bei allen Säugetieren eingerichtet hat.

Rein körperlich treten sie ein, wenn das Baby falsch liegt oder zu groß ist und nicht durch den Geburtskanal passt. Wenn dies jedoch ausgeschlossen werden kann und die Geburt dennoch stoppt, die Wehen schwächer werden, liegt die Ursache in der natürlichen Schutzfunktion, welche die Evolution uns mit auf den Weg gegeben hat. Die Geburt stoppt aufgrund drohender Gefahr. Stress. In der Natur eine Rettung, damit die Gebärende (ob Mensch oder Tier) flüchten kann, sich in Sicherheit bringen kann. Geburtsstillstände haben somit einen Nutzen. Wenn eine Frau einen Geburtsstillstand ohne körperlich erkennbare Gründe hat, ist dies ein Zeichen von Stress, auf den der Körper mit der natürlichen Konsequenz reagiert. Er stoppt die Geburt, solange bis die »Gefahr« vorüber ist und sich die Gebärende wieder der Geburt widmen kann. Wenn Frauen den Anweisungen des Personals widersprechen, wird dies gern als »mangelnde Kooperationsbereitschaft der Patientin« bezeichnet und auch so in die Akten eingetragen. Die Gebärende erhält die Schuld an den normalen Vorgängen ihres Körpers und ihrem Instinkt. Die Medizin reagiert auf Geburtsstillstände nicht etwa mit Ursachenbekämpfung, indem sie das Umfeld der Gebärenden oder die Art, wie mit ihr umgegangen wird, in Frage stellt, sondern mit Medikamenten, welche künstlich Wehen erzeugen, mit Eingriffen durch Zange und Saugglocke oder den Kaiserschnitt. Das Baby wird gewaltsam »geholt«, obwohl dies in vielen Fällen nicht nötig gewesen wäre, weil schon der Geburtsstillstand hätte vermieden werden können. Eine Geburt sollte nicht von ärztlichem Personal geleitet werden, auch ist das nicht der Job von Hebammen. Die Gebärende leitet durch ihre Bedürfnisse die Geburt. Dies setzt jedoch voraus, dass sie Vertrauen in ihre Gebärfähigkeit hat, dass sie informiert ist, sich ihrer Rechte bewusst ist. Dass sie ihren Körper kennt, weiß was er kann, sich wohl und sicher fühlt, den Ort des Gebärens frei ausgesucht hat, genauso wie die Personen, die sie dabei haben möchte. Alles Punkte, die man jungen Mädchen und Frauen nicht beibringt. Sie lernen diese Dinge nur, wenn sie Glück haben, im Selbststudium oder durch Verwandte, Bekannte, Freundinnen und in den meisten Fällen erst im späteren Alter, wenn sie bereits geboren haben. Hebammen sollen ermutigen, unterstützen und medizinisch helfen, wo es nötig ist, und zwar dann, wenn und falls es nötig ist. Stattdessen sind Klinikgeburten in vielen Fällen fremdbestimmt. Die Gebärende wird zur Statistin in ihrem eigenen Film, ihrer eigenen Produktion. Die Regie führen andere. Der Ablauf wird bestimmt von Untersuchungen, Wehenschreibern, Kontrollen und Zeitdruck. Hinzu kommt die Schichtarbeit der Hebammen im Krankenhaus. Wenn eine Frau lange Wehen hat, muss sie sich auf mehrere Hebammen, die einander ablösen, einstellen. Im schlechtesten Fall vollkommen fremde Personen, zu denen sie keinerlei Vertrauen hat, denen sie aber zwangsläufig vertrauen muss. Immer mehr Frauen finden den Mut, über ihre Erlebnisse im Kreißsaal zu sprechen, über ihre Traumata und die ihrer Kinder. Die weltweite Roses Revolution veröffentlicht die Aussagen der Frauen anonym und ermutigt sie, Rosen und Briefe vor den Kreißsälen nieder zu legen, um gegen Gewalt in der Geburtshilfe zu protestieren. Vielen Frauen, die schon vor Jahren oder Jahrzehnten geboren haben, wurde dadurch überhaupt erst bewusst, wie falsch sie behandelt wurden. Manche berichten von Vergewaltigungen, bei denen sie Nein zu Eingriffen sagten, aber festgehalten und gegen ihren Willen vaginal behandelt wurden. Dammschnitte, die ohne Betäubung durchgeführt wurden, mehrfache vaginale Untersuchungen und der auch bis heute verbreitete so genannte Husband-Stitch, bei welchem die Frau nach der Geburt vaginal zu eng genäht wird. Das geschieht häufig, wenn es zu Verletzungen wie dem Dammriss kam oder ein Dammschnitt durchgeführt wurde. Einige Ärzte und Ärztinnen nähen Frauen bewusst enger als nötig, was oft erst viel später festgestellt wird, wenn die Frau Schmerzen bei bestimmten Bewegungen oder beim Sex hat. Der Husband-Stitch heißt so, weil er dem Ehemann (engl.: Husband), also dem männlichen Partner, eine »ausgeleierte« Vagina ersparen soll. Diese zutiefst frauenverachtende Praktik wird auch in Deutschland noch immer durchgeführt, taucht aber in den Krankenakten nicht auf. Eine Frau berichtete davon, wie der Arzt zwinkernd beim Nähen sagte »und den letzten Stich für den

Mann«, was sie in dem Moment nicht verstand. Später entdeckte ihre Frauenärztin, dass sie viel zu eng genäht worden war, was eine erneute Behandlung nötig machte, um ihr die Schmerzen zu nehmen. Auch Hebammen und Hebammenschülerinnen berichten von psychischer und körperlicher Gewalt im Kreißsaal. Von verbalen Demütigungen und Aussagen wie »das schafft die doch nicht« oder Äußerungen zur Intimbehaarung der Frauen, ihrem Gewicht, ihrem Aussehen, ihrem Körperbau. Entschuldigungen oder öffentliche Stellungnahmen der entsprechenden Kliniken liest man selten. Das Thema wird weitestgehend totgeschwiegen.

*

Es ist medizinisch erwiesen, dass man ein Neugeborenes nicht sofort abnabeln sollte. Im Mutterkuchen (Plazenta) befindet sich direkt nach der Geburt noch sehr viel Blut, welches dem Baby gehört. Es dauert bis zu einer Stunde, bis das gesamte Blut beim Baby angekommen ist, wo es hingehört. In Kliniken wird ein Baby aber meist direkt nach der

Geburt abgenabelt, noch bevor die Plazenta überhaupt geboren wurde. Bei Kaiserschnitten ist es sowieso üblich, obwohl es auch hier vermeidbar ist. Der Mutterkuchen wird als Nachgeburt direkt nach dem Baby heraus geholt. Es wäre also möglich, das Baby nicht abzunabeln, sondern zusammen mit dem Mutterkuchen wegzutragen und zu versorgen.

Frauen, die Zuhause gebären, tun das heute oft, um während und nach der Geburt nicht dem Stress des Klinikalltags ausgesetzt zu sein und, um sich sicherer zu fühlen. Sie halten ihr Baby im Arm, während die Nabelschnur bewusst nicht durchtrennt wird, während sie die Nachgeburt gebären. Der Mutterkuchen wird solange liegen gelassen, bis sämtliches Blut des Babys beim Baby angekommen ist. Erst dann wird die Nabelschnur durchtrennt. Die erste Bondingphase wird nicht gestört und das Baby erhält sein gesamtes Blut durch die Nabelschnur. In den meisten Krankenhäusern undenkbar. Nachdem die Mutter ihr Kind ein paar Minuten halten durfte, hat man es schon abgenabelt, oft wird der Vater dazu aufgefordert, dann wird das Baby weggetragen und untersucht, gewogen, gemessen, gebadet. Die Mutter muss den Kreißsaal baldmöglichst verlassen, um Platz für die nächste Gebärende zu schaffen. Das lebensnotwendige Bonding nach der Geburt wird unterbrochen und gestört. Dieses beinhaltet nicht nur die Minuten nach der Geburt, sondern auch das erste Stillen. Ärztliche Untersuchungen könnten ohne Probleme auch erst nach Stunden durchgeführt werden, genauso wie das erste Bad des Babys. Die Untersuchungen könnten auf der Mutterbrust stattfinden. Dennoch ist das alles nicht die Regel, sondern die Ausnahme. Der Klinikablauf, Zeit und Geld haben Vorrang.

Die Geburtshilfe wird sich durch Frauen, die sich ihrer Rechte als Schwangere und Gebärende langsam bewusst werden, und engagierter Hebammen, aus dieser Frauenfeindlichkeit befreien, aber es wird noch Jahre dauern, bis dieses Ziel erreicht ist. Die Gebärfähigkeit einer jeden Frau, selbst wenn die Frau niemals gebärt oder ihre Gebärmutter verloren hat und diese Fähigkeit nur theoretisch vorhanden ist, hätte im Normalfall für ein weltweites Matriarchat sorgen müssen. Herrschaft der Frauen, statt der bis heute dominierenden Herrschaft der

Männer. Frauen wurde und wird seit Jahrtausenden das Selbstvertrauen in ihre Körper und in sich selbst aberzogen oder gar nicht erst beigebracht. Babys werden von Frauen gezeugt, mit einem Spermium als Hilfsmittel. Dennoch wird uns das Gegenteil beigebracht. Männer werden als Erzeuger bezeichnet, obwohl sie nicht zeugen, sondern ejakulieren. Im Patriarchat ist nichts so gefürchtet, wie Frauen, die sich ihrer Macht bewusst sind oder es werden. Darum wird diese Macht gewaltvoll niedergedrückt. Durch körperliche Schwächung und Ausbeutung, direkte körperliche Gewalt, aber in weiten Teilen auch durch psychologische Manipulation von Geburt an. Obwohl der Frauenkörper alles von der Zeugung bis zur Geburt allein leistet, gelten Männer nur durch ihre Ejakulation, die wenige Sekunden umfasst, als Väter, obwohl Vatersein eine rein soziale Position ist und keine biologische, im Gegensatz zum Muttersein. Vater wird man durch die Bindung zum Kind, welches mit Hilfe des eigenen Samens entstanden ist. Mutter ist die Frau, die das Kind geboren hat, unabhängig davon, ob das Kind bei ihr aufwächst. Es ist eine sprachliche Verirrung, mit massiven Auswirkungen, die erfolgreich Frauen klein und passiv halten, denn das ist die Bedingung für funktionierendes Patriarchat. Diese Dinge auszusprechen, löst bei den meisten Menschen Entsetzen aus. Selbst Frauen springen sofort für Männer in die Bresche und verteidigen deren Recht auf Vaterschaft, welches sie nicht von Natur aus haben, sondern sich gewaltsam genommen haben. Dabei kann man die natürliche Dominanz des Weiblichen im Tierreich beobachten. Uns Menschen wurde dies ausgetrieben, mit dem Ziel Frauen klein und beherrschbar zu halten. Es wäre nicht möglich, das Patriarchat bis zum heutigen Tag aufrecht zu erhalten und die Hälfte der Weltbevölkerung zu unterdrücken, wenn diese Hälfte dabei nicht mitwirken würde, insbesondere in den Ländern, in den wir Frauen inzwischen durchaus eine Wahl haben, ob wir das Spiel mitspielen oder es hinterfragen und uns, wenn wir die Möglichkeit haben, verweigern.

Leihmutterschaft

Leihmutterschaft ist in vielen Ländern erlaubt, darunter die USA, Russland, Georgien, Polen, Ukraine oder Tschechien. Wenn man in Internetsuchmaschinen nur den Begriff Leihmutterschaft eingibt, erhält man unter anderem Vorschläge wie »wo ist Leihmutterschaft am günstigsten«. Man findet Agenturen im Ausland, Werbung und Foren, in denen Menschen darüber beraten, in welchem Land sie Leihmütter in Anspruch nehmen könnten.

Einen fremden Frauenkörper für Geld zu mieten, um sich selbst einen Kinderwunsch zu erfüllen, ist längst keine Randerscheinung mehr. Wohlhabende Paare treffen diese Entscheidung auch nicht unbedingt aufgrund eigener Unfruchtbarkeit, sondern häufig (wie einige Hollywoodstars), um selbst den Strapazen von Schwangerschaft und Geburt zu entgehen. An diesem Punkt werden privilegierte Frauen zu Täterinnen an anderen Frauen. Leihmütter sind in vielen Fällen finanziell schlecht gestellte Frauen, welche durch die Vermietung ihres Körpers und ihrer Gebärfähigkeit an notwendiges

Geld kommen, beispielsweise um Schulden zu bezahlen oder ihre Familie zu unterstützen, welche in Armut lebt. Sie ist mit Prostitution vergleichbar, mit dem Unterschied, dass es nicht um den Geschlechtsakt geht, sondern um vorschriftsmäßige Produktion einer Ware, welche bestellt wurde. Die Ware ist das Baby. Sowohl Mutter als auch Baby werden zum Produkt, zum nichtmenschlichen Objekt. Die Bezeichnung dafür lautet Menschenhandel und Sklaverei.

Auch alleinstehende Männer und schwule Paare haben diese Form des Menschenhandels für sich entdeckt. In speziellen Agenturen können sie sich die Frauen im Katalog aussuchen. Meist ist es Voraussetzung, um Leihmutter zu werden, bereits ein eigenes Kind zu haben, somit bewiesen zu haben, dass man gebärfähig ist. Selbstverständlich muss dieses Kind gesund sein. Der Käufer möchte schließlich den Beweis, dass die Frau einwandfreie Ware produzieren kann. Um dies zu gewährleisten, werden die Frauen schon vor der Schwangerschaft mit Medikamenten und Hormonen behandelt, erhalten Ernährungspläne und geben, bevor sie überhaupt schwanger sind, bereits einen Teil ihres eigenständigen Lebens an die Käufer und Vermittler ab. Die Käufer nennt man in diesem Prozess ganz offiziell »Bestelleltern«. Sie bestellen einen Menschen, der ihnen per Vertrag durch eine Schwangerschaft geliefert wird. Bei der kommerziellen Leihmutterschaft erhält die Leihmutter dafür den vereinbarten Geldbetrag, wobei dieser nur ein Teil des Gesamtbetrages ist, den die Käufer zahlen. Vermittler und Agenturen verdienen bei diesem Geschäft immense Summen. Es gibt jedoch auch die so genannte altruistische Leihmutterschaft, bei welcher (jedenfalls offiziell) kein Geld fließt. Diese ist beispielsweise in Kanada und Australien erlaubt. Auch bei dieser ist davon auszugehen, dass inoffiziell meist zumindest eine Entschädigung gezahlt wird.

Das Ergebnis bleibt das gleiche. Menschen beuten einen Frauenkörper als Brutkasten aus. Das Baby wird der Mutter nach der Geburt weg genommen und im Falle des kommerziellen Babyhandels, der vor allem Frauen in Osteuropa, in einigen Ländern Südamerikas (häufig Schwellen- und Entwicklungsländer) und den USA (wo es in mehreren Staaten

gar keine rechtliche Regelung gibt, Leihmutterschaft also uneingeschränkt möglich ist) betrifft,
sieht die Mutter das Baby in der Regel nie wieder.
Die Käufer warten in einem anderen Raum des
Krankenhauses und erhalten das bestellte Baby,
direkt nachdem es den Mutterleib verlassen hat.

Die psychischen Folgen der Babys und der Mütter
spielen in diesem Geschäft keine Rolle. Für ein
Baby ist der Kontakt zur Mutter, das erste Stillen,
wichtiger Bestandteil gesunder Entwicklung. Das
Baby kennt die Stimme der Mutter bereits aus der
Schwangerschaft. Die Natur hat es entsprechend so
eingerichtet, dass auch ihre Stimme und ihr Geruch
am beruhigendsten für das Kind sind und so ein un-
gestörtes Bonding und Ankommen im Leben er-
leichtert wird.

Bestellbabys erleben diesen Bindungsschritt nicht.
Sie werden Fremden übergeben. Die Mutter hat
keine Möglichkeit, das Kind doch zu behalten. Die
psychischen Folgen sind mit dem Verlust eines tot
geborenen Babys vergleichbar. Die Mutter bleibt
zurück. Auf sich allein zurückgeworfen, mit allen
Folgen der Schwangerschaft und Geburt, im

Wochenbett, mit schmerzenden Brüsten, die Milch produzieren (wenn es nicht medikamentös verhindert wird). Sie hatte ein dreiviertel Jahr ein Kind unter ihrem Herzen und muss es in dem Wissen gebären, dass sie es nie im Arm halten wird. Die Wahrscheinlichkeit für postnatale Depressionen steigt durch diesen Vorgang, genauso wie körperliche Probleme, die Rückbildung der Gebärmutter betreffend und den Erholungsprozess nach der Geburt insgesamt. Sollte es während der Geburt zu Komplikationen kommen, steigen diese Risiken umso mehr. Wenn sich Frauen während der Schwangerschaft (beispielsweise, weil sie vergewaltigt wurden) bewusst dafür entscheiden, das Baby zur Adoption frei zu geben oder nach der Geburt in eine Babyklappe zu legen, haben sie in den meisten Ländern das Recht, es sich anders zu überlegen und ihr Kind doch zu behalten. Sie haben die Möglichkeit, auch wenn sie diese nicht wahrnehmen. Sie wissen, sie könnten es theoretisch. Allein dieses Wissen gibt Sicherheit, auch wenn der Entschluss feststeht. Sie sind die Mütter, worauf die Gesetzgebung Rücksicht nimmt. Die Leihmutterschaft sieht dies nicht vor. Das Gesetz »Mutter ist, wer das Kind geboren hat« wird ausgehebelt. Die Mutter gilt nicht als Mutter, sondern als gebärendes Objekt ohne Rechte, welches eine vertragliche Pflicht zu erfüllen hat. Das System Leihmutterschaft als erfolgreicher Wirtschaftszweig ist eine Menschenrechtsverletzung in Form von Frauen- und Kinderhandel, die im Zuge dessen, was sich »liberaler Feminismus« nennt, verteidigt wird, mit dem Argument, die Frauen würden es freiwillig machen. Wie in vielen Bereichen wird scheinbare Freiwilligkeit mit Entscheidungen aus existenzieller Not oder Unwissenheit verwechselt. Die Nöte der Frauen, werden ignoriert. Zudem sich viele Frauen auf Leihmutterschaft einlassen, ohne die gesundheitlichen, körperlichen und psychischen Folgen zu kennen, was vor allem für arme, mittellose Frauen gilt. Man lässt sie ins offene Messer laufen mit der Rechtfertigung der Geldzahlung. Man manipuliert sie mit dem Argument, dass sie unfreiwillig kinderlosen und unfruchtbaren Paaren helfen, etwas Gutes tun und dafür auch noch Geld erhalten. Falls das Baby krank geboren wird oder Fehlbildungen hat, kommt es

nicht selten vor, dass die Käufer ihre nun nicht per-
fekte Ware nicht mehr wollen. Das Baby wird nicht
abgeholt. Die Leihmutter hat keine fehlerfreie Ware
geliefert und in vielen Fällen bekommt sie dann
nicht einmal das Geld, welches grundsätzlich erst
nach Ablieferung der Ware gezahlt wird. Die
Frauen gehen in Vorleistung. Doch selbst wenn alles
vertraglich wie geplant abläuft, selbst wenn die
Geldzahlung einer Familie die Existenz rettet, wird
das nie das Trauma der Frauen und der gekauften
Kinder ausgleichen. Frauen und Babys als Ware, zur
egoistischen Befriedigung des eigenen Fortpflan-
zungsbedürfnisses zu benutzen, ist ein ethisches
Verbrechen und muss weltweit als solches behandelt
werden. Das geht nur durch ein ausnahmsloses
Verbot von Leihmutterschaft. Die Alternativen für
unfruchtbare Paare sind vorhanden. Von der
normalen Adoption bis zur Pflegeelternschaft oder
im Falle eines schwulen Paares die Gründung einer
Patchworkfamilie mit einem lesbischen Paar durch
Samenspende, bei welcher das Baby bei der leib-
lichen Mutter bleibt. Dass diese Alternativen für
viele zu unbequem oder zu aufwändig sind, darf

nicht auf Kosten von Frauen und Kindern gehen. Niemand hat ein Recht auf Fortpflanzung durch das Mieten eines anderen Körpers.

Erziehung

Die patriarchale Sozialisierung beginnt im Kleinkindalter. Die Mehrzahl aller Eltern richtet ihr
Kaufverhalten für Babyartikel nach dem Geschlecht
des Kindes aus. Einerseits hinsichtlich der Farben
rosa/blau, andererseits hinsichtlich des Spielzeugs
und der Einrichtung des Kinderzimmers. Während
sich das im Säuglingsalter noch in Grenzen hält,
werden die Unterschiede ab dem Kleinkindalter
offensichtlicher. Bereits Kleinkinder haben sich an
von Erwachsenen geschaffene Geschlechterregeln
zu halten. Bei der Wahl des Spielzeuges wie auch im
Verhalten. Einem Jungen wird eher verziehen, wenn
er wild und laut seinen Willen einfordert. Wütende
kleine Mädchen werden für dieses Verhalten mehr
und früher ermahnt. In diesem Punkt erleben wir
seit einigen Jahren einen extremen Rückschritt.
Während es in den 80er und 90er Jahren und in den
frühen 2000ern noch weitgehend neutral zuging,
werden kleine Kinder seit den 2010ern stark in alte,
längst vergangen geglaubte, Rollenmuster gedrängt.
Zuerst wurde dies sichtbar, als mit der Zeit plötzlich

nur noch die Wahl zwischen rosafarbenen und blauen Kleidungsstücken ermöglicht wurde. Die Aufschrift »für Mädchen« und »für Jungs« drängte sich in die Geschäfte. Eine Separierung, die eigentlich überwunden schien, begann von vorn. Während die 90er-Jahrgänge noch mit Astrid Lindgren und Literatur für alle Kinder aufwuchsen, schossen plötzlich Bücher für Mädchen und Bücher für Jungs wie Pilze aus dem Boden. Prinzessinnenschloss gegen Piratenabenteuer. Räubertöchter waren nicht mehr erwünscht. Schon der Kinderwagen musste fortan glitzern, wenn eine »Prinzessin« darin lag. Das Gegenteil von der Prinzessin ist übrigens nicht etwa »Prinz« sondern »der kleine Mann«.

Wenn die Prinzessinnen und die kleinen Männer dann in die Kita kommen, lernen sie häufig zum ersten Mal das Spielzeug kennen, welches nicht für ihr Geschlecht bestimmt ist. Problematisch wird es seit einigen Jahren dann, wenn die Kinder sich nicht an die sexistischen Regeln ihrer Erziehung halten und der kleine Mann Puppen liebt, sich Kleider anziehen möchte und die Prinzessin mit anderen rauft und sich gern dreckig macht und überhaupt keine Prinzessin im Glitzerschloss sein möchte. Diese Nische hat der Transaktivismus für sich entdeckt. Kinder, die sich nicht genderkonform verhalten, bekommen eingeredet, sie wären doch sicher lieber das jeweils andere Geschlecht, damit das Klischee wieder passt.

Als Jugendliche, wenn die eigene Sexualität langsam erwacht, haben die meisten der heutigen Jugendgeneration bereits mindestens einen Porno gesehen. Mädchen haben vielfach bereits die Erwartung eines haarfreien Frauenkörpers verinnerlicht und manche Mädchen enthaaren sich sogar die komplette Vulva, während Jungs glauben, ein großer Penis sei wichtig. Jedes Kind und jeder Jugendliche hat mit Smartphone oder Computer freien Zugriff auf Pornografie jeder Art. Selbst wenn die Eltern gewisse Einschränkungen durch Sperrungen vornehmen, reicht schon der Schulfreund, auf dessen Smartphone das nicht so ist und schon ist der Zugriff wieder gewährleistet. Auch die Sprache unter Jugendlichen wird zunehmend gewaltvoll und ist bereits von Frauenfeindlichkeit und Klischees geprägt, was sich in den ersten sexuellen Erfahrungen widerspiegelt. Dies wird von den Medien gefördert und von einem krank gesparten Schulsystem, in dem das Lehrpersonal schon lange überfordert ist, nicht zuletzt aufgrund gescheiterter Integration, bei welcher sowohl Lehrpersonal als auch Schülerinnen und Schüler ins kalte Wasser geworfen wurden. Das Ergebnis sind so genannte »Brennpunktschulen« in denen Gewalt üblich ist und insbesondere Mädchen durch das Raster fallen. Ein vorsichtiges, langsames Herantasten an das erste Mal ist die Ausnahme und Seltenheit in einer übersexualisierten und pornografisierten Gesellschaft. Gesunde Sexualität zu lernen ist von glücklichen Umständen, dem direkten sozialen Umfeld und ausreichend Reife, Selbstbewusstsein und Selbstliebe abhängig. Es ist ein Glücksspiel, bei welchem die Jugendlichen keine Wahl haben. Sie müssen mit den Umständen umgehen, auf die sie treffen, in die sie hinein geboren wurden und die in ihrem Umfeld vorherrschen. Jungen wie Mädchen. Monogamie wird gern als patriarchal dargestellt. Im modernen Patriarchat, welches in Ländern wie Deutschland herrscht, ist aber eher das Gegenteil der Fall. Der Druck möglichst viele Sexualpartner zu haben oder gehabt zu haben ist allgegenwärtig und beginnt bereits in der Jugend, mindestens für die männlichen Jugendlichen. Genauso der Drang, sexuell zu experimentieren, möglichst bis hin zum BDSM, einem Bordellbesuch, dem berühmten »Dreier« oder Polygamie. Nicht das individuelle Bedürfnis zählt, sondern der Trend der Gesellschaft. Wer nicht mitmacht, gilt schnell als verklemmt und prüde. Eine Frau, die hingegen mitmacht, gilt als Schlampe. Egal, wie sie sich entscheidet, es wird falsch sein. Wer lustvolle Sexualität nur in Verbindung mit tiefem Vertrauen oder Liebe erleben kann und möchte, passt nicht in eine sexualisierte Gesellschaft. Genauso wenig wie Frauen, die offen über ihre Bedürfnisse sprechen oder durchaus Lust an One-Night-Stands finden. Ein Teenagermädchen, das eine monogame Beziehung zu ihrem gleichaltrigen Freund führt, gilt als langweilig. Der Junge ebenso, wenn er nicht mit seinen Kumpels durch die Straßen zieht, sondern das Wochenende mit seiner Freundin verbringt.

Mädchen gelten entweder als Schlampen oder als verklemmt, wobei die Grenzen fließend sind. Jedes Mädchen kann heute das eine und morgen das andere sein, abhängig von ihrem Verhalten und ihren Entscheidungen. Es sind Mechanismen des modernen Patriarchats, mit denen Teenager aufwachsen. Als Mädchen und Frau kann man im Patriarchat nichts richtig machen, weil es für Frauen aus patriarchaler Sicht kein »richtig« gibt. Richtig ist immer nur das, was die Gesellschaft und der jeweilige Mann, der das Verhalten bewertet (als Sex-/Ehe-Partner, Date, Freund, Vater, Bruder, Nachbar) erwartet, verlangt oder wünscht. Sei es durch seine allgemeine männliche Sozialisierung oder diktiert durch Religion und Kultur. Diese Bewertung wurde zum Maßstab der gesamten Gesellschaft, welchen auch die meisten Frauen übernommen haben, weil sie von Kindesbeinen an darauf getrimmt wurden.

Körperbehaarung

Männer und Frauen haben Körperhaare. Männer im Durchschnitt etwas mehr als Frauen, dennoch ist die Behaarung bei Frauen genauso deutlich sichtbar wie bei Männern. Die Haare beginnen in der Pubertät zu wachsen. Zum selben Zeitpunkt bringt die patriarchale Gesellschaft Mädchen bei, dass ihre Körperhaare unweiblich, unästhetisch, sogar unhygienisch wären. Die Profiteure des Systems namens Kapitalismus, in welchem wir leben, freuen sich darüber. Je früher Mädchen beginnen, ihr Taschengeld für Rasierer, Rasierklingen, Rasierschaum, Pflege für rasierte (und dadurch gereizte) Haut, Kaltwachsstreifen, Warmwachsstreifen, Epilierer, Zuckerpaste oder gleich den Gang ins Kosmetikstudio auszugeben, desto höher die Wahrscheinlichkeit, dass sie es ihr Leben lang weiterhin tun werden. Es sei denn, sie hinterfragen das Ganze irgendwann.

Bei jeder Form der Enthaarung entstehen kleine Verletzungen auf der gesamten Hautoberfläche, nicht selten kommt es vor allem im Intimbereich zu versehentlichen Schnitten. Es dringen Bakterien ein, die Entzündungen hervorrufen. Im harmlosesten Fall entstehen nur Hautrötungen, aber insbesondere bei den kräftigen Haaren des Venushügels kommt es bei fast allen Frauen zu Entzündungen, Pickeln und teilweise unstillbarem Juckreiz in den Tagen nach der Rasur, wenn die Härchen langsam nachwachsen. In den Leisten sticht es schmerzhaft. Enge Hosen tragen wird zur Quälerei. Salben, Puder, Cremes versprechen Linderung. Wir füllen die Geldbeutel der Konzerne weiter. Das alles, um beim Sex oder im Bikini den Erwartungen zu entsprechen. Eine haarlose vorpubertäre Kleinmädchen-Vulva. Das ist das gängige Intim-Schönheitsideal für erwachsene Frauen. Beim Sex juckt und sticht die gereizte Haut weiter.

Wenn nicht irgendwann der Sinneswandel kommt, machen Frauen dieses Theater ein halbes Leben lang mit. Tag für Tag. Sie geben Geld aus, um Juckreiz und Schmerzen zu bekommen, mit dem Ziel der Akzeptanz. Selbst Frauen, die immerhin den Mittelweg gehen und sich nur teilweise die Haare entfernen, nur an bestimmten Körperstellen oder nur an den Vulvalippen, jedoch nicht auf dem Venushügel, haben beim Dating Sorge, dass dies ihr Gegenüber stören könnte. Körperhaare bei Frauen sind unerwünscht. Die Pornografie ist hierbei in der westlichen Welt die Hauptursache. In Pornos würden Haare nur die Sicht auf die Geschlechtsteile verdecken, was nicht gewollt ist. Darum verschwand Körperbehaarung ab den 90ern aus der Pornografie, was sich direkt auf die Gesellschaft auswirkte. Hinzu kommt der Aspekt, dass eine haarfreie Vulva pädophile Neigungen zumindest teilweise befriedigt, indem die Frau einem kleinen Mädchen ähnlicher sieht.

Frauen, die öffentlich dazu stehen, sich nur teilweise oder gar nicht zu enthaaren, müssen sich sogar von anderen Frauen Beleidigungen anhören. Frauen wurde erfolgreich eingeredet, dass etwas vollkommen Gesundes und Natürliches eklig und unästhetisch wäre, was das eigene Körpergefühl zum Negativen verändert hat.

Menstruation

Im Durchschnitt bekommen Mädchen in Europa und Nordamerika ihre erste Menstruation (Menarche) im Alter zwischen 10 und 12 Jahren. Sie sind also zu diesem Zeitpunkt noch Kinder, keine Teenager. Der Umgang mit der eigenen Menstruation, ob sie als normal und natürlich empfunden wird oder mit Scham und Ekel behaftet ist, hängt zunächst vom direkten Umfeld ab. Oft wird das Empfinden und Verhalten der Mutter oder älterer Schwestern übernommen. Gehen Familienmitglieder offen und positiv damit um und bieten eine gesunde Gesprächsbasis für das Mädchen, ist die Wahrscheinlichkeit für die Weitergabe dieses Empfindens am höchsten. Genauso umkehrt. Eine Mutter oder Schwester, die über ihre Menstruation schimpft, sie als belastend oder eklig empfindet, wird dieses Gefühl häufig auch in der Tochter oder jüngeren Schwester auslösen. Sobald im Freundinnenkreis alle Mädchen ihre Menstruation haben, beginnt auch dort der Austausch und die verschiedenen Sichtweisen prallen bereits im Kindesalter aufeinander. Alterstypisch sind körperliche Themen während der Pubertät schambehaftet und gleichzeitig sind die Kinder äußerst neugierig. Die meisten Mädchen sprechen über diese Themen sofort miteinander. Es entsteht der erste Gruppenzwang und damit einhergehend Heimlichkeiten. Wenn ein Mädchen drei Freundinnen hat, die beeinflusst von Verwandten, Binden eklig finden und direkt Tampons nutzen, weil ihnen zuhause nichts anderes zur Verfügung steht, hat das Mädchen, welches Binden nutzt, bereits ein Problem auf der Schultoilette, wenn die Freundin nebenan in der Kabine nicht mitbekommen soll, dass das Mädchen eine Binde im Slip kleben hat. Was Mädchen zuhause lernen, wirkt sich direkt auf ihre sozialen Beziehungen mit Gleichaltrigen aus, genauso wie es das eigene Körpergefühl positiv oder negativ beeinflusst.

Seitdem der Klimawandel in aller Munde ist, hat Periodenshaming eine weitere Komponente erhalten. Nicht nur, dass es nach wie vor ein schambehaftetes Tabuthema ist, es kam nun zusätzlich die das klimabezogene Urteil über die Periodenprodukte, die genutzt werden, hinzu. Frauen und Mädchen, die Binden verwenden, müssen sich anhören, wie viel Müll sie damit produzieren. Jedoch kommen Tampons und Menstruationstassen, beides Dinge, die tief in die Vagina eingeführt werden, nicht für alle in Frage. Die Gründe sind vielfältig. Mädchen müssen das Nutzen von Tampons erst üben. Viele tasten sich hier langsam mit Mini-Tampons heran, sofern sie eine Wahl haben. Das Vertrauen in den eigenen Körper muss erst entstehen, zumal Vulva und Vagina ein unerforschtes Gebiet sind, welches Mädchen erst während der Pubertät durch Selbstbefriedigung kennenlernen. Jedenfalls im Idealfall. Die meisten Frauen werden sich erinnern, dass die erste Nutzung eines Tampons mit der Angst verknüpft war, der Rückholfaden könnte verschwinden oder abreißen. Hinzu kam, dass sich die Vaginamuskeln reflexartig verkrampften, wenn zum ersten Mal etwas eingeführt werden sollte, sei es auch nur ein Mini-Tampon. Das ist ein natürlicher Schutzmechanismus, den man erst durch bewusstes Lockerlassen und Entspannen abtrainieren muss. Das Kennenlernen des Körpers und damit auch die Nutzung von Periodenprodukten sollte ohne negative Beeinflussung von außen erfolgen. Mädchen müssen das für sich beste Produkt finden, mit dem sie sich wohl fühlen. Vor allem muss die Erziehung und Sozialisierung endlich wieder weg vom Ekel der Menstruation. Es kann nicht sein, dass 11-jährige Mädchen (Kinder!) zwanghaft und unter Schmerzen versuchen, sich Tampons oder gar Periodentassen einzuführen, weil ihnen gesagt wurde, die Nutzung von Binden oder Periodenunterwäsche sei eklig, man würde damit schlecht riechen und all die anderen Vorurteile, die mit der Periode einhergehen. Der Ekel vor der weiblichen Menstruation sitzt tief und wird häufig gar nicht hinterfragt. Er stammt aus einer Zeit, in der Frauen keine andere Wahl hatten, als Stoffreste zu verwenden, die mühsam von Hand ausgewaschen werden mussten.

Von Obdachlosigkeit betroffene Frauen haben bis heute das Problem, nie zu wissen, ob sie an Periodenprodukte kommen und wann sie diese wechseln können, sofern sie überhaupt die Möglichkeit haben, sich die Artikel zu kaufen, die nach wie vor mit dem höchsten Steuersatz besteuert werden, wodurch der Preis unnötig in die Höhe getrieben wird. Im Gegensatz zu Schweiß, der bald unangenehm zu riechen beginnt, wenn er nicht mehr frisch ist, aber auf der Haut bleibt und das Eiweiß beginnt, sich zu zersetzen, dauert es bei Periodenblut länger, bis unangenehme Gerüche entstehen. Selbst als es noch keine modernen Periodenprodukte gab, und Frauen Stoffbinden verwendeten, lief nicht jede Frau »riechend« durch die Gegend. Schlechte Gerüche entstehen erst, wenn eine Binde nicht regelmäßig gewechselt wird. Heute ist das in der westlichen Welt für die meisten problemlos möglich, früher war das nicht der Fall. Es stand oft auch keine Waschgelegenheit zur Verfügung, weder für die blutigen Binden noch für die Menschen. Somit rochen alle, Männer wie Frauen, nach Schweiß, Unsauberkeit und eben auch nach altem Blut. Frisches Menstruationsblut ist nahezu geruchlos. Die ersten leichten Gerüche entstehen erst nach Stunden und sind nicht unangenehm, sondern immer noch relativ neutral. An den Punkt, wo es anfängt, unangenehm zu riechen, kommen die meisten Frauen gar nicht mehr, weil sie die Produkte vorher wechseln.

Dennoch wird bis heute mit der unbegründeten Angst schlecht zu riechen, gespielt. Frauen und vor allem unerfahrene Mädchen werden bewusst verunsichert. Es ist ein Marketingtrick, der perfekt funktioniert. Frauen sollen parfümierte Binden kaufen, Intimhygiene-Sprays und alles, was sich die Industrie noch einfallen lässt, um uns das Geld aus der Tasche zu ziehen. Ekel und Angst vor dem eigenen Blut, die Sorge vor Gerüchen wird in westlichen Ländern von Generation zu Generation weiter gegeben. Die Industrie und die Medien sorgen dafür. Wie viele Männer wohl im Gegenzug so intensiv über die Hygiene und den Geruch von Penis und Hoden nachdenken?

Die Beschwerden, die vor und während der Blutung bei den meisten Frauen dazu gehören, werden gesellschaftlich nicht ernst genommen. So gut wie jede Frau hat Unterleibsschmerzen und Verdauungsprobleme, bei vielen kommen Erschöpfung, Müdigkeit, Kopfschmerzen und Rückenschmerzen hinzu. In manchen Ländern haben Frauen während der Periode einen Urlaubsanspruch. In Deutschland nicht. Auch kommt kaum eine Frau auf die Idee, sich während ihrer Blutung krankschreiben zu lassen, weil sie Schmerzen hat. Monatliche Krankschreibungen würde auch kein Arbeitgeber langfristig mitmachen. Wie so oft haben Frauen auszuhalten und durchzuhalten und die meisten tun genau das, weil sie glauben, kein Recht zu haben, sich zu beklagen.

Frauengesundheit

Es ist schon lange bekannt, dass Frauenkörper anders funktionieren als Männerkörper. Dennoch ist bis heute in der Medizin der männliche Mensch der Standard, auf dessen Basis Medikamente hergestellt und verordnet werden, Therapien und Behandlungen stattfinden. Mit Ausnahme der Bereiche, die nur Frauen betreffen, wie die Gynäkologie.

Frauen haben ein höheres Risiko an Herzinfarkten zu sterben, weil die Symptome bei Frauen (Bauchschmerzen, Rückenschmerzen, sogar Kiefer-/Zahnschmerzen) völlig andere sind als bei Männern, die häufig direkte Brustschmerzen haben, die in den linken Arm ausstrahlen, und bei denen die Verbindung zum Herzen somit leicht hergestellt werden kann. Wenn man medizinische Laien auf der Straße nach den Symptomen eines Herzinfarktes fragt, wird so gut wie jeder antworten: Schmerzen im linken Arm und Brustschmerzen. Die Menschen kennen vorwiegend die männlichen Symptome. Eine Frau, die seit Stunden stechende

Schmerzen im oberen Rücken hat, wird kaum den Notruf wählen. Sie wird, auch wenn sie in eine Notaufnahme kommt oder zu ihrem Hausarzt geht, häufig nicht als Notfall eingestuft werden. Männer gehen seltener zum Arzt als Frauen, aber wenn sie gehen, werden sie eher ernst genommen und erhalten schneller eine passende Behandlung. Frauen wurde über Jahrhunderte anerzogen durchzuhalten, die Zähne zusammen zu beißen. Nicht zuletzt, weil sie häufig gar keine andere Wahl hatten. Frauen sind Schmerzen gewöhnt, selbst wenn sie an sich kerngesund sind. Mindestens den monatlichen Periodenschmerz kennt jede, viele auch den Schmerz einer Geburt oder den seelischen Schmerz beim Verlust eines Kindes. Den Schmerz durch Gewalt des Partners, den Schmerz von Demütigung, den Schmerz durch Missbrauch und Vergewaltigung oder Genitalverstümmelung. Weitermachen, durchhalten, Kopf hoch ...

Ein Symptom, das Patriarchat und Pseudofeminismus gemeinsam haben, ist die Verurteilung von Frauen, die dem Druck nicht standhalten. Frauen, die ohnehin schon unter der Mehrfachbelastung von Familie, Kindern, Haushalt und der möglichst lückenlosen und perfekten Karriere leiden, dafür zu verurteilen, wenn sie all das nicht stemmen können oder wollen. Nur Frauen, die es unter Idealbedingungen, mit mehr als genug Geld und drei Nannys hinbekommen, gelten als emanzipiert. Über diese wird berichtet, sie gelten als Maßstab und natürlich wird auch über die berichtet, die stolz darauf sind, sich kaputt und krank zu schuften, denn auch diese erfüllen, was das Patriarchat verlangt. Sie opfern sich und ihre Gesundheit zu Gunsten der Wirtschaft, der Gesellschaft und ihrer Familie. So hat man es ihnen beigebracht. In Ländern, in denen Patriarchat auf Kapitalismus trifft, gilt das besonders. Es ist die viel gerühmte Gleichberechtigung, die mit Fairness nichts zu tun hat und mit Emanzipation noch weniger.

Krankheiten, von denen Frauen mehr betroffen sind als Männer, werden gesellschaftlich gern belächelt. Die Krankheit Migräne ist hierfür ein Beispiel. Migränepatientinnen wissen, dass es sich um weit mehr als Kopfschmerzen handelt. Übelkeit, Erbrechen, Sprachstörungen, Lichtempfindlichkeit, weitere neurologische Probleme in Form von Taubheitsgefühlen in den Gliedmaßen und im Gesicht. Dazu unerträglicher Kopfschmerz, der die Betroffenen oft einen ganzen Tag und noch länger außer Gefecht setzt. Dennoch hat es die Migräne zu einem Synonym für Witze zum Thema »Die Frau hat keine Lust auf Sex« geschafft. Ein weiteres Beispiel ist Endometriose. Gutartige Gewebeansammlungen im Unterleib und Bauchraum, die bei den Patientinnen aber zu starken bis unerträglichen Schmerzen führen. Zudem kann sie die Ursache für einen unerfüllten Kinderwunsch sein. Die Diagnose ist für die meisten Frauen ein kräftezehrender Marathon, der sich über viele Jahre ziehen kann, denn eine Frau mit Unterleibsschmerzen, auch noch während der Periode, ist nichts Ungewöhnliches. Man liest in Berichten von Betroffenen über Mediziner, die ihnen Dinge sagten wie »Entspannen Sie sich, machen Sie Yoga oder mehr Sport, dann verschwinden auch die Schmerzen.«

Seit Jahren bekannte Erkrankungen, werden nicht ernst genommen. Die betroffenen Frauen verunsichert und dazu angehalten, mit den Problemen zu leben. Nicht zu vergessen das Phänomen, körperliche Symptome bei Frauen erstmal auf die Psyche zu schieben, statt den Körper gründlich zu untersuchen. Wiederum, wenn eine Frau tatsächlich psychische Probleme hat oder psychotherapeutische Hilfe benötigt, trifft sie auch hier auf patriarchale Strukturen und selbst weibliche Therapeutinnen, die Misogynie verinnerlicht haben und auf dieser Basis behandeln.

Die Genderdebatte hat dazu geführt, dass inzwischen das biologische Geschlecht von einigen Menschen geleugnet wird. Sie behaupten unser Geschlecht wäre keine Frage der Biologie, sondern des Gefühls. Wissenschaftliche Fakten scheren sich nicht um Gefühle und Identitäten. Wer Krankheiten erfolgreich durch Prophylaxe verhindern will, muss das biologische Geschlecht beachten. Wer Krankheiten heilen will, ebenso. Den Gebärmutterhalskrebs verhindert man nicht, indem man sich als Mann identifiziert und den Prostatakrebs nicht, indem man sich Frau nennt. Man kann jedoch beides im Frühstadium erkennen und behandeln, wenn man die geschlechtsspezifischen Vorsorgeuntersuchen wahrnimmt und wenn diese überhaupt barrierefrei existieren, man also die Möglichkeit hat, sie wahrzunehmen. Vorsorgeuntersuchungen sind in Deutschland zahlreich vorhanden, werden aber nur eingeschränkt von den Krankenkassen bezahlt. Das führt dazu, dass Frauen mit wenig Geld sie nicht durchführen lassen können oder abwägen müssen, ob und wann sie sich welche Untersuchung leisten können. Armut ist überwiegend weiblich. Frauen verdienen weniger Geld, bleiben öfter aufgrund von Kinderversorgung und Angehörigenpflege zuhause, arbeiten in schlechter bezahlten Branchen und wenn sie nicht gesund sind, regelmäßig Medikamente benötigen, müssen sie auch diese in vielen Fällen selbst zahlen. Frauen werden im Patriarchat für die Verhütung verantwortlich gemacht, müssen auch diese finanzieren. Dass sich der männliche Partner finanziell daran beteiligt, ist keine Selbstverständlichkeit. Sogar die Befreiung von der Zuzahlungspflicht, die man bei der Krankenkasse beim Überschreiten einer gewissen Grenze beantragen kann, sieht Ausnahmen vor. Je nach Verordnung und Medikament fallen dennoch

Zuzahlungen an. Im Gesundheitssektor schlägt sich der im Kapitalismus übliche Wettbewerb genauso nieder, wie in allen anderen Bereichen. Frauen sind auch hier in verschiedener Weise benachteiligt.

Ein Thema, von welchem man meinen sollte, es wäre zumindest in Industrieländern längst keins mehr, ist das Recht der Frauen über den eigenen Körper bestimmen zu dürfen. Dass wir dieses Recht bis heute nicht erlangt haben, zeigt sich beim Thema Schwangerschaftsabbrüche. In Deutschland sind diese bis heute illegal. Sie sind nur unter bestimmten Voraussetzungen erlaubt. Die damit einhergehenden Probleme sind vielfältig. Zunächst bietet nicht jedes Krankenhaus und nicht jede gynäkologische Praxis überhaupt Abtreibungen an. Frauen müssen dafür oft in andere Städte fahren und selbst dann werden die Abbrüche nur nach einer verpflichtenden Beratung durchgeführt. Diese Beratung soll zur Fortsetzung der Schwangerschaft ermutigen, ist also nicht neutral, sondern soll die unfreiwillig Schwangere möglichst dazu bringen, nicht abzutreiben. Zusätzlich sind viele der staatlich anerkannten Beratungsstellen kirchenzugehörig und somit durch Religion beeinflusst, auch wenn gern behauptet wird, es geschähe alles neutral und mit dem Bestreben, die Frauen zu unterstützen. Dass eine Zwangsberatung überhaupt Voraussetzung ist, der Wille der Schwangeren allein also nicht ausreicht und der Frau dadurch die Fähigkeit, eine solche Entscheidung über ihren Körper zu treffen, abgesprochen wird, zeigt die Einmischung des Staates in die Intimsphäre der Frau. Beratungen auf freiwilliger Basis anzubieten, für die Frauen, die sich beraten lassen möchten, wäre die Alternative.

Eine Kostenübernahme durch die Krankenkassen ist nur möglich, wenn eine medizinische oder kriminologische Indikation vorliegt, also wenn die Abtreibung durchgeführt wird, weil Gesundheit und Leben der Frau in Gefahr sind oder, wenn die Frau vergewaltigt wurde. Wobei beides wiederum nachweislich der Fall gewesen sein muss.

Frauenrechtlerinnen kämpfen seit Jahrzehnten für eine Legalisierung von Schwangerschaftsabbrüchen und damit für das Recht auf Bestimmung über den eigenen Körper. Der § 218 ist nach wie vor geltendes Recht. Er lautet: »Wer eine Schwangerschaft abbricht, wird mit Freiheitsstrafe bis zu drei Jahren oder mit Geldstrafe bestraft. Handlungen, deren Wirkung vor Abschluss der Einnistung des befruchteten Eies in der Gebärmutter eintritt, gelten nicht als Schwangerschaftsabbruch im Sinne dieses Gesetzes.« (§ 218 Abs. 1 StGB)

Hinzugefügt wurde mit § 218a die Straffreiheit unter bestimmten Voraussetzungen. Sie gilt, wenn sich die Frau zuvor der Pflichtberatung bei einer anerkannten Stelle unterzogen hat, eine Ärztin oder ein Arzt den Abbruch durchführt und dies innerhalb der ersten 12 Wochen der Schwangerschaft geschieht.

Bisher gilt die Aufklärung und öffentliche Information über Schwangerschaftsabbrüche durch Arztpraxen noch als Werbung und ist nach § 219 strafbar. Immerhin diese Strafbarkeit, soll nun wegfallen, was aktuell (Stand März 2022) aber noch nicht umgesetzt wurde. Schwangerschaftsabbrüche gehören außerdem nicht grundsätzlich zur Ausbildung von Ärztinnen und Ärzten, was dazu führt, dass die Anzahl der Kliniken und Praxen, in denen sie überhaupt durchgeführt werden können, sehr begrenzt ist. Hinzu kommt, dass genau wie viele Beratungsstellen auch viele Kliniken in Deutschland zur Kirche gehören und Schwangerschaftsabbrüche darum teilweise komplett verweigern. Wir sehen an der Weltgeschichte und den frauenfeindlichen Zuständen anderer Länder, in denen Abtreibungen vollständig verboten sind, und die Frauen gezwungen werden sollen zu gebären, dass kein Verbot jemals Frauen daran hindern konnte, über ihren eigenen Körper zu entscheiden. Illegale Abtreibungen gab es immer und wird es immer geben. Das können Gesetze nicht verhindern. Viele Frauen sind bereit, eher zu sterben, als beispielsweise das Kind eines Vergewaltigers in sich wachsen zu lassen. Versuchte Abtreibungen durch Kräuter (wie sie in früheren Zeiten üblich waren), Medikamente oder körperliche Verletzungen, die durch Gegenstände vorgenommen werden, sind für die Frauen lebensgefährlich. Sie nehmen dieses Risiko in Kauf. Es ist von unzähligen Fällen berichtet worden, in welchen Frauen Abtreibungen durch Metallkleiderbügel, durch das Trinken von Säuren und anderen Giften herbei führen wollten und oft genug an den Folgen starben. Das Bestreben der Politik sollte sein, jeder Frau eine medizinisch sichere Abtreibung innerhalb der ersten Monate zu ermöglichen, wenn sie die Schwangerschaft nicht fortsetzen möchte. Losgelöst von moralischen Verurteilungen, die den Embryo rechtlich auf die gleiche Stufe stellen wie die Frau. Losgelöst von Zwangsberatung und Beeinflussung der Frauen, welche ein schlechtes Gewissen hervorrufen sollen. Dieses Vorgehen entmündigt erwachsene Frauen, indem ihnen unterstellt wird, diese Entscheidung nicht selbst treffen zu können. Beratung kann und muss es auf Wunsch der Frau geben, jedoch nicht als Verpflichtung, wenn sich die Frau bereits entschieden hat. Die psychische Belastung ist für jede der Frauen vorhanden, nicht wenige haben zuvor bereits ein Trauma durch Gewalt erlitten und möchten den Abbruch nur noch hinter sich bringen, ohne vom Staat bedrängt zu werden.

Man kann Abtreibungen weder verbieten noch verhindern. Man kann nur darüber entscheiden, ob man Frauenleben opfert oder Frauen das Recht einräumt, allein zu entscheiden, ob sie schwanger sein und gebären möchten oder nicht. Der allgemeine Drang der Gesellschaft endet immer wieder in Aussagen wie »Dann soll sie halt verhüten« was wiederum in der Ignoranz gegenüber der Realität, in der Frauen weltweit leben, begründet liegt. Viele Frauen in armen finanziellen Verhältnissen haben kein Geld für Verhütungsmittel oder der männliche Partner weigert sich, zu verhüten. Von sexueller Gewalt ganz zu schweigen. Verhütung wird auf der ganzen Welt hauptsächlich als Angelegenheit der Frau betrachtet. Schon junge Mädchen bekommen die Pille verschrieben, die ihren Hormonhaushalt manipuliert. Die Pille für den Mann hat sich aufgrund der Nebenwirkungen nicht durchgesetzt. Bei Frauen werden diese Nebenwirkungen als hinnehmbar betrachtet. Die Kreativität der medizinisch geförderten weiblichen Verhütungsmethoden kennt keine Grenzen, genauso wenig wie die männliche Verweigerung die Verhütung zu übernehmen.

Frauen werden von Männern geschwängert, weil diese nicht verhüten wollen und eine von Männern dominierte Politik und Justiz verbietet ihnen gleichzeitig, frei zu entscheiden, ob sie die Schwangerschaft beenden wollen oder nicht.

Weibliche Genitalverstümmelung (engl.: Female Genital Mutilation, kurz FGM) ist spätestens seit Erscheinen der Bücher von Waris Dirie in den 90er Jahren den meisten Menschen bekannt.

Bei der schlimmsten Form wird nicht nur die äußerlich sichtbare Klitoris weggeschnitten, sondern auch die inneren Vulvalippen, während die äußeren straff zusammen genäht werden, so dass keine Vaginaöffnung mehr bleibt, bis auf eine nur stecknadelkopfgroße Öffnung für Urin und Menstruationsblut. Die Vulva existiert danach nicht mehr. Wo sie war, entsteht eine glatte, vernarbte Fläche. Für die Penetration des Mannes und für Geburten werden die Frauen aufgeschnitten oder reißen beim Eindringen des Penis. Diese grausame Praktik ist in Ländern wie Ägypten, Somalia, Sudan, Äthiopien, Mali, Indonesien, Oman oder im Jemen bis heute in ihren verschiedenen Ausprägungen üblich. Die Mehrheit der Frauen (über 50 %) ist dort genitalverstümmelt. Jedoch auch in Europa und

Nordamerika wird FGM trotz Verboten entweder privat durchgeführt oder dort lebende Mädchen reisen in den Ferien in ihre Heimatländer, nicht ahnend, was ihnen bevorsteht. FGM findet meist schon in der Kindheit statt.

In Nord-, Mittel- und Westeuropa sind und werden 10 % der Mädchen und Frauen genitalverstümmelt. Genauso in den USA, Kanada, Australien, Russland. Der Grund ist die Zuwanderung aus Ländern, in denen FGM üblich ist. Die wenigsten Fälle gibt es in Osteuropa, Süd- und Mittelamerika sowie China. (Quelle: The WomanStats Project)

Männerrechtler haben es sich zur Gewohnheit gemacht, in den sozialen Medien FGM zu verharmlosen, indem sie die weibliche Genitalverstümmelung mit der männlichen Beschneidung, bei welcher lediglich die Penisvorhaut chirurgisch entfernt wird, gleichsetzen und vergleichen. Selbst bei einem solchen Thema, das die Grenzen der Vorstellungskraft beinahe sprengt, duldet das Patriarchat nicht, dass Frauen ihren Missbrauch benennen und für ihre Rechte kämpfen, ohne auch Männer zu beachten und einzubeziehen.

Gewalt und die Justiz

Wenn es um Männergewalt gegen Frauen geht, um Medienberichte über aktuelle Fälle oder um prominente Frauen, die Gewalt von prominenten Männern offenbaren, ist ein gesellschaftliches Phänomen untrennbar damit verknüpft: Victimblaming, die Schuldumkehr, die das Opfer stigmatisiert und den mutmaßlichen Täter moralisch freispricht.

In der Justiz gilt die Unschuldsvermutung, solange jemand nicht verurteilt ist. Das ist insgesamt sinnvoll, wird aber beim Thema Frauenschutz (wie auch Kinderschutz) zu einem massiven Problem. In einer Gesellschaft wie der unseren, wo Victimblaming Alltag ist und ungehindert öffentlich praktiziert wird, mit der Zustimmung einer breiten Mehrheit, sorgt diese Unschuldsvermutung dafür, dass Millionen Frauen gar nicht erst Anzeige erstatten oder öffentlich darüber reden, was ihnen angetan wurde. Einige, die angezeigt haben, aber nicht genug Beweise hatten und im Gegenzug vom Täter angezeigt und von Gerichten sogar verurteilt wurden, weil der Täter ihnen Verleumdung unterstellte, bereuen ihre

Anzeige sogar. Sie betrachten die Anzeige als Fehler ihrerseits, weil die Justiz ihnen nicht glaubte und sie zusätzlich zu dem Verbrechen, das sie erleiden mussten, auch juristisch bestraft wurden, weil der Täter den Spieß umgedreht hat. Frauen wissen genau, dass von ihnen der Beweis gefordert wird, wenn sie missbraucht, vergewaltigt, geschlagen wurden. Spätestens, wenn sie Anzeige erstatten und der Täter ohne Strafe oder nur mit geringer Strafe davon kommt, merken sie, wie das System funktioniert. Doch wie beweist man als Betroffene eine solche Tat? Nach einer Vergewaltigung ist eine Frau traumatisiert. Sie ist in den meisten Fällen gar nicht in der Lage, sofort wieder klar zu denken, ihre Tasche zu nehmen und zur Polizei zu gehen oder den Notruf zu wählen. Schon gar nicht, wenn die Tat vom eigenen Partner ausging, im eigenen Zuhause, und ihr vielleicht zunächst nicht bewusst ist, dass es eine Vergewaltigung war. Dass der eigene Partner kein Recht auf Sex mit ihr hat. Vergewaltigung in der Ehe war bis 1997 in Deutschland nicht strafbar. Jeder Ehemann konnte zu jeder Zeit seine Frau vergewaltigen, ohne befürchten zu müssen, dafür bestraft zu werden. Unser Justizsystem ist nicht nur schlecht auf Gewaltbetroffene eingestellt, sondern überhaupt nicht. Wer den Mut aufbringt anzuzeigen, zur Polizei zu gehen oder in die nächste Notaufnahme, muss leider damit rechnen, vor überfordertem, ratlosem Personal zu stehen. Nur mit Glück, abhängig von der jeweiligen Personalsituation und dem individuellen Charakter der Person, die zuständig ist, erfolgt eine sofortige Traumaintervention. In den meisten Fällen nicht. Zur Sicherung von Beweisen wäre eine umgehende körperliche Untersuchung notwendig. Allein das ist für ein Vergewaltigungsopfer eine zusätzliche Tortur. Viele Frauen wollen sich zudem logischerweise sofort nach der Tat waschen und wenn sie die Möglichkeit haben (Zuhause, im Hotel, ...) tun sie das auch, was Spuren (wie eventuelle Spermarückstände, Haare und Hautschuppen des Täters) vernichten kann. In einigen Ländern gibt es inzwischen Forensic Nurses. Krankenschwestern mit spezieller Zusatzausbildung. Sie sind geschult, mit vergewaltigten und misshandelten Frauen umzugehen, sofortige psychologische Interventionen einzuleiten und zugleich kriminaltechnisch wichtige Spuren zu sichern. In Deutschland gibt es diese Krankenschwestern nicht. Deutschland debattiert lieber über die Frage, ob Geschlechter existieren und ob Frauen Schutzräume für sich allein brauchen.

Polizeidienststellen und Notaufnahmen, vor allem jenseits der Großstädte, haben zudem einen Mangel an weiblichem Personal. Keine vergewaltigte Frau sollte, wenn sie schon den Mut aufbringt sich zu offenbaren, von einem männlichen Polizisten oder männlichen Arzt betreut werden, ohne eine Wahl zu haben.

Eine frauenfeindliche Verhaltensweise, die erst in den letzten Jahren wieder um sich greift, findet man bei Sorgerechtsstreitigkeiten, wenn sich Mann und Frau getrennt haben. Es gab eine Zeit, in der es als selbstverständlich galt, dass Kinder, zumindest kleine Kinder, die noch nicht selbst entscheiden können, zur Mutter gehören und nach der Trennung bei der Mutter bleiben, sofern die Mutter in der Lage ist, sich um sie zu kümmern. Ältere Kinder hat man nach ihrem eigenen Willen gefragt, wo sie leben möchten. Ersteres Vorgehen wird seit einiger

Zeit von Männerrechtlern verhindert. So werden Frauen inzwischen auch gegen ihren Willen gezwungen, ihr Baby oder Kleinkind ihrem Ex-Mann zu überlassen, selbst wenn dieser gewalttätig war und ist. Solange dem Mann seine Gewalttätigkeit nicht nachgewiesen wurde, gilt er als unschuldig und hat das Recht, die Kinder zu sehen und zu betreuen. Die Aussagen der Frauen sind nichts wert. Selbst wenn er gerichtlich als Frauenschläger bekannt ist, gibt es Gerichte, die ihm dennoch das Umgangsrecht mit den Kindern erlauben, weil sich die Gewalttätigkeit »nur« auf die Frau bezog. Die Macht des Patriarchats wird in Familiengerichten und auch im Verhalten des Personals in Jugendämtern deutlich, genauso wie die Tatsache, dass Gleichberechtigung nichts mit Feminismus zu tun hat, weil Männer dadurch noch mehr privilegiert werden, als sie es ohnehin bereits sind.

Kinder werden auf gerichtlichen Beschluss hin herum gereicht und teilweise jedes Wochenende oder sogar mehrmals die Woche von Stadt zu Stadt, von Wohnung zu Wohnung verfrachtet, damit die juristische Gleichberechtigung der Eltern gewährleistet ist. Weltweit gibt es heute Gesetze, die Frauen schützen sollen, doch diese Gesetze existieren oft nur auf dem Papier. In der Realität scheitert die Umsetzung im Patriarchat am Verhalten von Behörden, der Justiz und der Politik. Es bleibt immer ein Ermessensspielraum. Es bleiben Gesetzeslücken, die von frauenfeindlichen Männern gegen Frauen verwendet werden. Der folgende Text, den ich Ende 2021 in den sozialen Medien veröffentlicht habe, wurde gelöscht und ich wurde dafür verwarnt: »Wie kann eine Betroffene von Männergewalt sicher sein, dass der männliche Polizist, der männliche Richter und männliche Staatsanwalt nicht selbst ein Frauenhasser, Freier, Vergewaltiger, Kinderschänder, Pornokonsument oder prügelnder Ehemann ist? Kann sie nicht. Die meisten Männer sind mindestens eins davon.«

Die Realität zu leugnen, die überall zu findende Frauenfeindlichkeit nicht anzuerkennen, ist im Patriarchat notwendig. Nur dadurch kann es bestehen. Die sozialen Medien beteiligen sich intensiv daran, was Feministinnen täglich zu spüren bekommen, wenn sie versuchen zu informieren und aufzuklären. Würde man die Stimmen von Frauen zulassen, würde das Patriarchat in sich zusammen fallen und es gibt nichts, wovor Männer mehr Angst haben und ebenso die Frauen, die sich im Patriarchat eingerichtet haben, den Männern dienen und deren Machterhalt unterstützen.

Frauenhass in den Medien

Obwohl die Geschichte der Menschheit ein einziges Blutbad darstellt und wir auch in der heutigen Zeit nicht lange suchen müssen, um Grausamkeit und Brutalität in unserer Gesellschaft zu finden, wurde uns anerzogen, dass Menschen im Grunde alle gut sind. Begriffe wie »Menschlichkeit« suggerieren das. Kriege zu führen ist im Patriarchat menschlich, solange keine Babystationen bombardiert werden, sondern nur die getötet werden, die »es verdienen« nach Meinung des Angreifers. Der Begriff Menschlichkeit ist eine Farce und reines Wunschdenken, denn seine korrekte Bedeutung, gemessen am realen Handeln von Menschen, wäre: Grausamkeit. Menschlichkeit als etwas Positives und Erstrebenswertes ist ein nie erreichtes Ziel in der Menschheitsgeschichte.

Dass dieses Wort dennoch so positiv besetzt ist, ist Teil der Manipulation in einer brutalen Gesellschaft, in der man schon als Kind lernt, dass es gute und schlechte Grausamkeit gibt und jede Menge, die neutral betrachtet oder gleich ganz ignoriert wird, weil sie dazu gehört. Im Kapitalismus gehört Ausbeutung dazu. Ohne Ausbeutung kann Kapitalismus nicht existieren. Im Patriarchat gehören Verbrechen gegen Frauen dazu. Sie sind so normal und alltäglich, dass sie selbst in den Nachrichten nur stichprobenartig erwähnt werden und sogar dann wird die Tat herunter gespielt, indem die Brutalität vertuscht wird, durch Wortschöpfungen wie »Familiendrama«, »Beziehungstat« oder ganz geschmacklos »Liebesdrama« und »Sextäter«. Morde und Folter werden so bezeichnet, damit sich die Mehrheitsgesellschaft nicht unwohl fühlt, bei den 20 Uhr Nachrichten. Gewalt gegen Frauen wird bewusst nicht konkret als solche benannt und im überwiegenden Teil verschwiegen.

Vereine, feministische Aktivistinnen und Frauenrechtsorganisationen sammeln die tatsächlichen Zahlen und Fälle, aus denen hervor geht, dass Gewalt gegen Frauen Alltag ist. Dank des Internets haben Millionen Zugriff auf diese Zahlen, aber auch das führt nicht dazu, dass flächendeckende Empörung entsteht und anhält. Lediglich Feministinnen beschäftigen sich kontinuierlich mit diesen

Themen und kämpfen gegen die Ignoranz. Von der Mehrheit der Bevölkerung wird Gewalt gegen Frauen als feststehende Tatsache akzeptiert.

Staat und Politik betreiben Beschwichtigung und träge Symptombehandlung in Form von Frauenhäusern (die überfüllt und unterfinanziert sind) und Beratungsstellen, wo viel zu oft Tipps wie »verlassen Sie ihren Mann doch einfach« gegeben werden, welche die individuellen Situationen von Frauen ignorieren, weil das Personal nicht adäquat ausgebildet ist oder mit Überlastung und dadurch entstandener Resignation kämpft. Die Regierungen klopfen sich dennoch stolz auf die Schultern und behaupten, sie tun etwas, während die Gesamtsituation immer schlimmer wird und sich keinesfalls auch nur annähernd bessert.

Die Medien, allen voran die täglichen Nachrichtensendungen, tragen einen enormen Teil dazu bei, dass dies so bleibt. Um über jeden Femizid und jede Vergewaltigung, jeden Fall von Kindesmissbrauch zu berichten, bräuchte es täglich eine eigene Nachrichtensendung. Da ist es weitaus leichter wegzuschauen, als sich mit dieser Tatsache zu konfrontieren. Der Begriff Femizid wird noch immer sehr selten verwendet. Ein Femizid ist ein Frauenmord, fast immer durch den Partner oder Ex-Partner oder eine andere nahestehende Person. Väter, Brüder, ehemalige Liebhaber, Zuhälter, Bekannte. In den meisten Fällen, über die berichtet wird (was nur bei einem Bruchteil geschieht, die meisten Femizide und versuchten Femizide tauchen nie in den Nachrichten auf) ist der Täter der Ehemann/Partner oder Ex-Partner.

Umfassende Aufklärung seitens der Politik über Femizide sucht man vergebens, obwohl sie so alltäglich sind, dass das Ignorieren dieser Verbrechen gegen Frauen nur als bewusste Weigerung, sich des Themas anzunehmen, gedeutet werden kann.

Ein Femizid ist immer ein Ausdruck von Macht. In etlichen Fällen tötet ein Mann zuerst seine Frau, seine Kinder und dann sich selbst. Wenn er nur Suizid begangen hätte, dann hätte er riskiert, dass die Frau ohne ihn weiter lebt, glücklich wird, vielleicht einen anderen Mann kennenlernt. Indem er sie zuvor tötet, stellt er sicher, dass dies nach seinem Tod nicht geschieht. Er stellt seinen Macht- und Besitzanspruch sicher, der selbst nach seinem Suizid nicht endet.

Frauenverachtende Werbung ist allgegenwärtig. Im Frühling werben Fitnessstudios mit Frauenhinterteilen, daneben ein Pfirsich zum Vergleich. Möchtest du einen Pfirsichhintern oder möchtest du »unattraktiv« sein und der Gesellschaftsnorm nicht entsprechen? Baufirmen kleben auf ihre Firmenfahrzeuge halbnackte Frauen mit Silikonbrüsten, die aus einer Latzhose heraus quellen und die Frau schaut mit laszivem Blick und glänzenden Lippen von der Autotür. Fleischereien, die mit leicht bekleideten Frauen werben, die umgeben von totem Fleisch posieren und in die Kamera lächeln. All das ist erlaubt. Es ist die traurige Normalität. Die Mehrheit ist so daran gewöhnt, dass sie es nicht negativ wahrnimmt. Die Sexualisierung wurde in den Alltag integriert.

Soziale Netzwerke haben so genannte Gemeinschaftsrichtlinien. Diese sollen dafür sorgen, dass Hass im Internet unterbunden wird. Jeder, der diese

Netzwerke nutzt, weiß, dass das nicht funktioniert. Viele Menschen haben schon die Erfahrung gemacht, dass sie Beleidigungen und Hasskommentare gemeldet haben, diese aber nicht gelöscht wurden, während andere Beiträge und Kommentare ohne ersichtlichen Grund gelöscht wurden. Das System läuft über Algorithmen, die sich an dem orientieren, was gesellschaftlich gewünscht und geduldet ist. Rassismus wird von der Mehrheit heutzutage nicht mehr geduldet, somit werden rassistische Kommentare gelöscht. Jedenfalls meistens. Frauenhass ist gesellschaftlich noch immer etabliert. Er ist so normal, dass viele Menschen den eigenen verinnerlichten Frauenhass kaum bemerken und darum auch bei frauenfeindlichen Kommentaren im Internet auf beiden Augen blind sind. Somit werden sexistische Kommentare häufig nicht gelöscht, selbst wenn sie von mehreren Personen gemeldet wurden. Wobei davon auszugehen ist, dass sich auch die Meldungen in Grenzen halten.

In den letzten Jahren hat sich ein neuer Frauenhass in Form von Transaktivismus weltweit den Weg gebahnt, was zu massenhaften Diffamierungen von Feministinnen auf der ganzen Welt geführt hat, der bis heute stetig mehr wird. Wer ausspricht, dass biologisches Geschlecht real ist und man dies nicht mal eben ändern kann, dass Schutzräume für Frauen wichtig sind, erhält ohne Weiteres den Stempel »transphob«. Auch die sozialen Medien bewerten, anhand des Trends, diese Aussagen inzwischen als »Hassrede« und löschen sie, wenn sie gemeldet werden oder der Algorithmus sie problematisch findet. Feministinnen können davon ein Lied singen. Kaum einer von uns ist die Anzeige »Dein Beitrag wurde gelöscht« fremd. Wir sehen sie regelmäßig. Transaktivisten haben es sich zur Gewohnheit gemacht, Feministinnen auf diese Weise zum Schweigen zu bringen oder es zumindest zu versuchen. Diese Versuche reichen bis hin zum Stalking, wenn der Wohnort der Frauen bekannt ist und öffentlichen Drohungen bis hin zu Vergewaltigungs- und Tötungsphantasien. Die absurdeste Löschung, die ich selbst vor kurzem erlebt habe, betraf einen meiner Beiträge, der wie folgt lautete: »Wer in seinen Aktionismus alle Menschen inkludieren möchte, ist Humanistin, keine Feministin. Feminismus ist die Bewegung für alle Frauen und Mädchen, aller Schichten, aller Glaubensbekenntnisse, aller Hautfarben und Nationalitäten. Auch für die Frauen, die lieber Männer wären, denn es ist nicht möglich, das biologische Geschlecht zu wechseln. Unsere Bewegung ist nicht inklusiv, sie ist exklusiv. Sie ist einzig und allein der Kampf für Frauenrechte. Wir sind für niemanden sonst zuständig.«

Dieser Beitrag, der schlicht und einfach echten Feminismus definiert, wurde wegen »Hassrede« gelöscht und mir wurde mit der Löschung meines Accounts gedroht. Woraufhin der erwünschte Effekt eintrat: Ich hielt mich gezwungenermaßen erst einmal zurück. Genauso ergeht es täglich anderen Feministinnen auf der ganzen Welt. Der Kampf für Frauenrechte ist den meisten nicht nur fremd, er ist ihnen ein Dorn im Auge. Das spürt man in den sozialen Netzwerken überdeutlich, doch ebenso im Fernsehen, in Dokumentationen, in Printmedien. In Zeiten des Internets, wo die traditionellen Print- und Fernsehmedien um ihre Existenz fürchten, ist unabhängiger, seriöser Journalismus die Ausnahme. Es wird sich an der Masse orientiert, an dem, was

die Masse möchte. Solange diese Masse frauenfeindlich agiert und schlimmstenfalls, wie in der
jüngsten Zeit, sogar wieder Frauenhass ganz offen
propagiert, getarnt als neuer Feminismus, werden
sich Medien weiterhin zum Mittäter machen.

Frauenberufe und die Arbeitswelt

Eine Berufsausbildung zu absolvieren oder zu studieren ist eine Notwendigkeit, wenn eine Frau finanziell unabhängig sein möchte. In den letzten Jahrzehnten wurde in Industrieländern beides zur Selbstverständlichkeit. Doch die finanzielle Unabhängigkeit ist im Kapitalismus allzu häufig mehr Schein als Sein.

Frauen arbeiten überdurchschnittlich häufig in sozialen, pädagogischen und dienstleistenden Berufen. Verkauf, Büro und Verwaltung, Kranken- und Altenpflege, Reinigungstätigkeiten und Erziehung sind typische Frauenbereiche und gehören zu den am schlechtesten bezahlten Berufen, trotz hoher Belastung. Bruttogehälter liegen insbesondere in kleinen Privatfirmen bei einer Vollzeitstelle oft unterhalb der 2.000 € Grenze. Die Sekretärin im kleinen Handwerksbetrieb wird häufig nur den Mindestlohn verdienen, genauso wie die examinierte Altenpflegerin im kleinen ambulanten Pflegedienst. Dieser liegt seit Januar 2022 bei 9,82 €, also im Monat bei 1.702,13 € brutto für eine Vollzeitstelle. Als ich selbst im Jahr 2007 meine Ausbildung zur Altenpflegerin begann, lag mein Ausbildungsgehalt bei 400 € brutto im Monat, bei einer 40 Stunden Woche im Früh-, Spät- und Teildienst. Die im selben Betrieb arbeitenden examinierten Pflegerinnen verdienten 1.500 € brutto. Bereits damals war der Pflegenotstand deutlich spürbar, aber viele Menschen in der Pflege entwickeln Solidarität zum Arbeitgeber, zu ihren Kolleginnen (vor allem in kleinen Firmen, die nur aus 30 oder 40 Leuten bestehen) und Zuneigung zu ihren Patienten. Das Aushalten und Durchhalten wird zur Parole, statt den Arbeitgeber zu wechseln und Druck auszuüben.

Als 2020 die Coronapandemie auch Deutschland traf, wurde für Pflegekräfte, vornehmlich Frauen, applaudiert und die Regierung schwang große Reden, wie sie das Gesundheitspersonal unterstützen möchte. Die vielerorts bereits katastrophalen Arbeitsbedingungen sollten durch Geld ausgeglichen werden. Dass so ein Vorgehen nicht funktioniert, hätte vorher klar sein können, denn die Beschäftigten schlugen sofort Alarm. Viele verließen nach und nach den Pflegesektor, völlig entkräftet.

Menschen, die ihren Beruf eigentlich liebten, ihn aber nicht mehr ausüben konnten, ohne ihre eigene Gesundheit zu zerstören. Dennoch ändert sich nichts, seit über zwanzig Jahren. Statt die Arbeitsbedingungen zu verbessern, werden Pflegerinnen aus dem Ausland geholt, die dort in Armut leben und bereit sind, hierzulande unter schlechten Bedingungen und hoher Belastung für einen Hungerlohn zu arbeiten, weil dieser immerhin ein wenig besser ist, als ihre Perspektiven in den Heimatländern.

Frauen sind von Kindesbeinen an gewöhnt, das zu tun, was getan werden muss, egal unter welchen Umständen. Diese Sozialisierung wirkt sich auch im Arbeitsleben zu ihrem Nachteil aus. Eine Frau in einem typischen Frauenberuf auszubeuten, ist für Konzerne und auch für den kleinen Firmenchef leichter, als Männer in typischen Männerberufen auszubeuten. Bei Frauen lässt sich leichter die Gewissenskarte ausspielen, weil es in Frauenberufen häufiger um hilfsbedürftige Menschen geht. Kinder, Kranke, Alte, Behinderte oder die überlasteten Kolleginnen, die man nicht im Stich lassen will.

Eine weibliche Jugendliche, die verkündet, sie möchte Krankenpflegerin werden, ist nichts Besonderes. Es wird zur Kenntnis genommen. Ein männlicher Jugendlicher wird für diese Entscheidung bewundert und ... er wird gewarnt. Ob er denn sicher sei, so einen Job machen zu wollen, da verdient man doch nichts. Und der Stress. Aber wenn er es machen möchte, genießt er vollen Respekt, weil er ein Mann ist. Genauso wie der windelwechselnde Vater Respekt genießt, während die windelwechselnde Mutter eine Selbstverständlichkeit ist.

In einem normalen kleinen Supermarkt sitzen hauptsächlich Frauen an der Kasse in manchen Geschäften sieht man nicht einmal männliche Mitarbeiter. Vor allem in ländlichen Regionen fällt dies auf. In der Berufsgruppe der »Zimmermädchen« in Hotels liegt der Frauenanteil in Deutschland bei fast 80 %, ermittelte die Agentur für Arbeit. Im Ausland teilweise sogar noch deutlich darüber. Hotelzimmer zu reinigen, noch dazu unter Zeitdruck, ist körperlich schwere Arbeit, genau wie die Kranken- und Altenpflege, davon abgesehen ist auch die Hotellerie psychisch belastend. Wer einmal mit Insiderinnen gesprochen hat, weiß, wie normal es ist, unter dem Bett benutzte Kondome zu finden oder von Gästen belästigt zu werden, verbal oder körperlich.

Frauen haben im kapitalistischen Patriarchat zwei Probleme, welche die Arbeitswelt betreffen. Sie wollen und sollen schnellstmöglich produktiv sein und Leistung abliefern, zugleich sollen sie aber möglichst bald Kinder bekommen, bestenfalls mehrere, ohne jedoch beruflich auszufallen und ohne von Männern zu verlangen, ihnen Arbeit abzunehmen. Da Frauen meist schlechter verdienen, als ihre männlichen Partner, entscheiden sie sich häufiger für die Elternzeit und für Teilzeitarbeit. Im Patriarchat gibt es jedoch kein korrektes Verhalten für eine Frau: Die Karrierefrau, deren Mann zuhause bleibt, gilt als Rabenmutter. Die Frau, die selbst zuhause bleibt, gilt als unemanzipiert und altmodisch. Die Alleinerziehende und in Teilzeit Arbeitende ist »selber Schuld« an ihrer Überlastung, wenn sie sich von ihrem Mann getrennt hat. Frauen verbringen ihr Leben damit, in das Gefüge von Patriarchat und Kapitalismus zu passen, haben beständig das Gefühl, dass etwas nicht stimmt, aber durch ihre kontinuierliche Überlastung kaum mehr Kraft und noch weniger Zeit, sich dagegen zu wehren. So bleibt das System erhalten. Generation für Generation.

Wenn eine Frau in einem typischen Männerberuf arbeitet, wird ihr schon in der Ausbildung klar, dass sie das sprichwörtliche dicke Fell braucht, um zu bestehen. Dazu gehört, dass sie abwertende, auch sexistische Kommentare und Späße akzeptieren soll. Denn sowas »gehört halt dazu«. Genauso wie der Porno-Kalender im Pausenraum und die Nacktbilder im Spind der männlichen Kollegen. Um in ihrem Beruf als Mechanikerin, Elektrikerin, Dachdeckerin oder Klempnerin Anerkennung zu finden, muss sich eine Frau beweisen. Sie weiß von Anfang an, dass sie besser sein muss, dass sie mehr leisten muss und sich weniger Fehler erlauben darf, als die Männer, wenn sie ernst genommen werden will. Manche Frauen reagieren darauf durch Anpassung. Sie übernehmen das frauenfeindliche Verhalten, die derben Witze, die verachtende Sprache, wodurch sie oberflächliche Anerkennung der Männer bekommen, weil sie als locker gelten. Doch diese An-

erkennung ist nur eine Täuschung und wird zur Gefahr, wenn die Frauen dadurch glauben, sie wären
sicher vor Übergriffen und das Ganze mit Emanzipation verwechseln.

Warum Männer keine Feministen sind

Es lässt sich mit einem Satz beantworten: Männer können keine Feministen sein. Feminismus ist eine Frauenbewegung, sie gehört den Frauen. Männer sind darin nicht relevant und können keine Funktionen übernehmen. Männer können Verbündete des Feminismus sein, aber keine Feministen. Wenn man heute politisch linke/grüne junge Männer fragt, was sie vom Feminismus halten, werden viele von ihnen antworten, dass sie Feministen sind. Wenn man sie fragt, was die Definition von Feminismus ist, werden die meisten antworten, dass Feminismus die Gleichstellung von Männern und Frauen ist. Doch das ist falsch. Feminismus wird als Trend begriffen. Die Gefahr dabei ist, dass nicht nur der Begriff verwässert wird, sondern auch die eigentliche Bedeutung verloren geht bzw. bereits verloren gegangen ist. Die Frauenrechtsbewegung besteht aus Frauen und setzt sich einzig und allein für Frauenrechte ein. Für die Rechte aller Frauen, aller Menschen weiblichen Geschlechts. Männer können einer Frauenbewegung nicht angehören, aber sie können Verbündete dieser Bewegung sein und so nennen sie sich auch und wir sie. Im Englischen »Radfem-Allies«, im Deutschen »Radfem-Verbündete« oder einfach nur »Verbündete des Feminismus«. Männer, die Feminismus wirklich verstanden haben, nennen sich nicht Feministen. Ihnen ist bewusst, dass sie als Mann grundsätzlich im Patriarchat privilegiert sind, durch ihr Geschlecht. Männliche Verbündete maßen sich nicht an, Frauen über Feminismus aufzuklären, sondern verweisen auf Frauen, die dies tun. Männliche Verbündete konsumieren keine Pornografie und lehnen Prostitution als Menschenhandel ab. Sie vertreten die Ansichten des Feminismus nach außen. Die Ansichten des tatsächlichen, unverfälschten Feminismus, der sich radikal nennt. Es gibt sie, unsere männlichen Verbündeten, aber sie sind noch sehr wenige. Männer, die sich Feministen nennen, gehören nicht dazu. Das kann sich aber ändern, sofern sie das Bewusstsein dafür entwickeln, was Feminismus überhaupt ist und was nicht. Es ist kein Kampf für Gleichberechtigung. Es geht um die Befreiung aller Frauen und ein Ende des Patriarchats.

Tiere im Patriarchat

Die weltweite Herrschaft von Männern betrifft nicht nur uns Mädchen und Frauen. Sie betrifft auch die Milliarden Tiere, die in der industriellen Tierhaltung lediglich den Zweck haben, sich fortzupflanzen und zu gebären, um kurz darauf erneut künstlich von Menschenhand geschwängert zu werden, mit dem Ziel, als Nahrungsquelle zu dienen.

Die männlichen und weiblichen Tiere begegnen sich für den Fortpflanzungsakt nicht, höchstens zur »Inspiration« auf Entfernung. Die männlichen Tiere werden dazu gebracht, eine Attrappe zu besteigen, damit der Mensch ihnen den Samen abzapfen kann. Die weiblichen Tiere werden von Menschen danach künstlich besamt. Keines dieser Tiere hat eine Wahl. Menschen stecken Hand und Arm in Vagina und Anus weiblicher Tiere. Wenn sie gebären, wird das neue Leben häufig gewaltvoll aus ihnen heraus gezerrt, weil die Tiere durch Überzüchtung Schwierigkeiten haben, natürlich zu gebären und kurz nach der Geburt werden Mutter und Kind getrennt. Im Falle von Kühen, um die Muttermilch der Kuh für den Menschen abzuzapfen. In der Schweinehaltung liegen die Mütter in engen Käfigen, so genannten »Abferkelbuchten« in denen sie sich nicht bewegen können, sich nicht um ihre Kinder kümmern können, sie nicht einmal beschnuppern und ablecken können, wie sie es von Natur aus tun würden.

Menschen reden von »Tierproduktion«, von »Fleischproduktion«. Das fühlende Lebewesen, ein Säugetier, genau wie wir Menschen es sind, spielt keine Rolle. Menschen, die dieses System am Laufen halten, stumpfen zu seelenlosen Wesen ab, die frei jeglicher Empathie agieren. Die Tiere mit Schlagstöcken und Elektroschocks auf LKWs treiben, als LKW-Fahrer bei Hitze und Kälte die Tiere befördern, während diese unzureichend versorgt quer durch Deutschland und Europa gekarrt werden, als Schlachthof-Mitarbeiter die Tiere vom LKW hinein in ihre letzte Station in den Tod treiben. Tierschutzorganisationen wie die »Animals Angels« dokumentieren seit langem, welcher Gewalt die Tiere vor allem in diesen Stunden ausgesetzt sind. Sie reisen den Todestransporten hinterher, versuchen die durstigen und ängstlichen Tiere so gut es geht, mit Wasser zu versorgen. Streicheln sie durch die Gitter hindurch. Die meisten der Tiere erfahren in diesen wenigen Sekunden das erste und einzige Mal in ihrem kurzen Leben menschliche Zuneigung. Im Schlachthof folgen Tritte, Schläge, in den Nasen haben die Tiere bereits der Geruch des Blutes ihrer Schwestern und Brüder. Zwischen Metall eingepfercht, bereits instinktiv wissend, dass der Tod auf sie wartet. Schreie von falsch oder gar nicht betäubten Tieren, die lebend und bei vollem Bewusstsein zerteilt werden. All das wird seit Jahren dokumentiert, von Tierrechtlerinnen und Tierrechtlern, die undercover in Schlachthöfen filmen und fotografieren oder in Ställe eindringen, um Tierquälerei aufzudecken. Womit sie sich strafbar machen. Die Dokumentation ist illegal, die Tierquälerei ist es nur auf dem Papier. Patriarchat und Kapitalismus sind zwei Seiten derselben Münze. Die Verbrechen gegen die Tierwelt sind eines der vielen Symptome patriarchaler Brutalität und Herrschaft.

Tierversuche sind im Patriarchat zur Selbstverständlichkeit geworden. Obwohl Vereine wie »Ärzte gegen Tierversuche« bereits seit langem darauf hinweisen, dass Tierversuche in der Medizin nutzlos, weil nicht auf den Menschen übertragbar, sind und es adäquate Alternativen gibt, sträubt sich die Gesellschaft gegen diese Informationen und die Politik interessiert es nicht, weil auch bei diesem Thema die Lobbyisten am längeren Hebel sitzen. Tierversuche bringen Geld. Sie werden von Menschen ausgeführt, die nicht mehr zur Empathie fähig sind. Sie sind abgestumpft, denn sonst könnten sie ihre Arbeit nicht ausführen.

Menschen, die foltern und töten, egal ob in Versuchslaboren, in Schlachthöfen, in heutigen Foltergefängnissen anderer Länder, in historischen Zeiten oder zur Zeit des Nationalsozialismus in den KZs, müssen entweder abstumpfen, um nicht verrückt zu werden, was sie für die Gesellschaft zur Gefahr macht, oder sie sind Psychopathen, die sadistischen Genuss in ihrem Tun finden.

Die Tatsache, dass es sich zum Teil um ganz normale Jobs handelt, dass es als normaler Job gilt, Tiere zu töten, sollte uns beunruhigen. »Vom Tiermord zum Menschenmord ist nur ein Schritt und damit auch von der Tierquälerei zur Menschenquälerei« sagte einst Tolstoi und trifft damit den Nagel auf den Kopf.

Wir alle werden in dieses System, das als die Normalität gilt, hinein geboren. Die meisten von uns werden von Geburt an dazu erzogen, bestimmte Tiere, die keine Haustiere wie Hund und Katze sind, als »Nutztiere« zu betrachten, die getötet werden dürfen, die benutzt werden. Bis vor weniger als hundert Jahren war Fleischessen in Deutschland Luxus. Es war teuer, in der Durchschnittsfamilie gab es nur sonntags Fleisch. Nach dem Zweiten Weltkrieg, ab den 50er Jahren, brachte das Wirtschaftswunder den Wohlstand und mit ihm begannen die bis heute um sich greifenden Zivilisationskrankheiten, die auf die schlechte und fleischreiche Ernährung zurückzuführen sind. Fleisch gehört für viele Menschen täglich auf den Teller. Herzkrankheiten, Bluthochdruck bis zum Herzinfarkt, verstopfte Blutgefäße, die Schlaganfälle begünstigen, Antibiotikaresistenzen, Hormonentgleisungen, Nieren- und Lebererkrankungen und Krebs sind die Folge. Nicht zuletzt Zoonosen, die Epidemien und Pandemien auslösen. Das ist der Preis der Ausbeutung der Tierwelt. Um die Nachfrage zu decken, werden die Tiere in katastrophalen Umständen gehalten, politisch abgesegnet, dank schlechter Tierschutzgesetze und Lobbyismus der Fleischproduzenten. Tiere sind im Kapitalismus wie im Patriarchat Waren. Produkte.

Der Lebenssinn von Kuh, Huhn und Schwein ist die Reproduktion, solange diese funktioniert und sich für Menschen lohnt, und am Ende das Liefern von Fleisch, welches in Massen gebraucht wird, um die Nachfrage zu stillen, durch die Tötung von Menschenhand.

Das gilt auch für Wildtiere, die von Jägern getötet werden, mit der Begründung, sie hätten keine natürlichen Feinde mehr. Eine fadenscheinige Ausrede, wenn man bedenkt, dass diese Feinde ebenfalls von Menschen ausgerottet wurden. Wenn sich Raubtiere wie Bären und Wölfe heutzutage wieder versuchen anzusiedeln, dauert es nicht lange, bis sich Jäger erwartungsvoll die Hände reiben, weil

Raubtiere die Fressfeinde von Jägern und »Nutz-
tier«-Haltern sind. Das Ökosystem Wald funktioniert hervorragend ohne Menschen. Der Tierbe-
stand würde sich selbst regulieren, wenn man die
Tiere in Ruhe lassen würde. Das zeigen die Bei-
spiele aus Nationalparks weltweit, wo alle Tiere
leben dürfen, ohne, dass sich der Mensch ein-
mischt. Das Problem in unseren Wäldern ist, dass es
keine Wälder mehr sind, von einigen Nationalparks
abgesehen, sondern Plantagen. Fichtenplantagen,
Monokulturen, die der Abholzung dienen und vom
Tourismus zerstört werden. Oder in aller Regel-
mäßigkeit vom Borkenkäfer und von Unwettern.
Holzplantagen haben dem kaum etwas entgegenzu-
setzen. Biologen und Naturschützer mahnen diese
Problematik bereits seit Jahrzehnten an. Tiere
werden in dem, was wir heute Wälder nennen, nur
beiläufig geduldet.

Jagd als Hobby ist im Patriarchat stark sexuell geprägt und eine Männerdomäne, in der Frauen eine
Minderheit sind. Der Mann als Eroberer, als Be-
zwinger der Wildnis, der sich nach biblischem
Motto, die Erde untertan macht. Versinnbildlicht im

erschossenen Tier neben dem er stolz mit seinem Gewehr posiert und die Fotos im Internet teilt. Auf diesen Fotos werden die getöteten Tiere gern noch verhöhnt, durch alberne Drapierungen und »lustige« Posen. Millionäre zahlen Unsummen, um sogar vom Aussterben bedrohte Tiere erschießen zu dürfen.

Die Trophäe in Form von Geweih, Stoßzähnen, Fellen, Pfoten oder gleich das gesamte ausgestopfte Tier, hängt sich der Eroberer in sein Haus.

Das Gewehr dient als Sinnbild seines Penis. Die Waffe zur Eroberung. Die sadistische Lust am Töten wird erst gestillt, wenn das Leben aus dem Opfer weicht. Patriarchale Gewalt, und mit ihr einhergehender Terror, schädigt Frauen, Kinder und Tiere gleichermaßen. Sie hat verschiedene Gesichter, verschiedene Abstufungen, aber die Wurzel und das Wesen sind immer gleich. Sie sichert die Herrschaft des Mannes über alles und jeden.

2. Transaktivismus & Queerideologie

Das Problem mit LGBTQ

Lesben sind Frauen, die sich romantisch und sexuell ausschließlich zu Frauen hingezogen fühlen. Eine Frau ist ein erwachsener Mensch weiblichen Geschlechts. Schwule sind Männer, die sich auf gleiche Weise ausschließlich zu Männern hingezogen fühlen. Ein Mann ist ein erwachsener Mensch männlichen Geschlechts. Für diese Aussagen, die biologische Tatsachen sind, kann man heutzutage offen als transphob gebrandmarkt werden.

Der Unterschied zwischen Mann und Frau ist die Anatomie. Diese einfache Tatsache zu leugnen, ist seit einigen Jahren sehr populär. Der Transaktivismus hat sich seinen Weg in sämtliche Bereiche gebahnt, unter dem Deckmantel des immer länger werdenden Kürzels LGBT(QIA+).

Viele Lesben und Schwule haben das T, welches für Transsexuelle steht, lange toleriert und sogar unterstützt. Ich selbst auch über Jahre hinweg. Genau das fällt uns nun auf die Füße. Wir haben dem Transaktivismus in unserer Mitte einen Platz angeboten und lange Zeit nicht gemerkt, wie wir eine Ideologie heranfüttern, die uns nun zu verschlingen droht. Erst als es fast zu spät war, begannen immer mehr Homosexuelle aufzuwachen. Inzwischen werden weltweit Millionen Feministinnen und Lesben von Transaktivisten aktiv bedroht. Dies geschieht vor allem in sozialen Netzwerken, aber auch immer häufiger auf der Straße, bei friedlichen Demonstrationen oder bei Paraden und Demos zum Christopher Street Day, wie auch bei Veranstaltungen, in Clubs und Bars für Homosexuelle.

Frauen werden als TERFs diffamiert. Diese Abkürzung bedeutet »Trans Exclusionary Radical Feminist« und wird von Transaktivisten als Schimpfwort gebraucht. Obwohl diese Abkürzung nicht einmal Sinn ergibt, denn Radikalfeministinnen schließen Transsexuelle nicht aus, sondern Männer. Frauen, die sich als Männer fühlen, sich also transsexuell nennen (»Transmänner«), sind im Feminismus immer inkludiert, weil sie biologische Frauen sind und immer sein werden. Homosexuelle werden transphob genannt, weil sie nur Personen des gleichen Geschlechts als Partner oder Partnerin in Betracht ziehen. Ein neuer Hass auf Lesben und Schwule und auf Frauen im Allgemeinen ist gesellschaftsfähig geworden und wird vor allem von links-grüner Politik unterstützt und gefördert.

Kein Mann kann lesbisch sein. Auch nicht, wenn er glaubt, er wäre eine Frau. Eine Frau, die sich zu einem Mann, der sich Frau nennt, hingezogen fühlt, ist nicht lesbisch, sondern entweder bisexuell oder heterosexuell. Der Hass, der uns Lesben und allen Radikalfeministinnen seitens der Transaktivisten entgegenschlägt, sabotiert alles, was wir und unsere Vorgängerinnen in den letzten Jahrzehnten erreicht haben. Die Leugnung sexueller Orientierungen und der beiden Geschlechter männlich und weiblich ist nichts anderes als eine Hasskampagne, deren Opfer wir Frauen sind. Männer nutzen sie, um in Bereiche einzudringen, die ihnen bisher verwehrt waren, wie Räume und Gruppen für lesbische Frauen. Das ist längst keine Theorie oder Befürchtung mehr, sondern bereits Realität, wie Berichte aus anderen Ländern zeigen und wie auch Lesben in Deutschland bereits am eigenen Leib spüren. Der geringe Prozentsatz Intersexueller, die biologische Geschlechtsmerkmale beider Geschlechter haben, spielt im Transaktivismus keine Rolle. Denn es geht nicht um den Menschen als Individuum, sondern um die Verbreitung von Glaubenssätzen, die patriarchale Denkweisen und Geschlechterklischees festigen sowie um das Ausleben schädlicher Verhaltensweisen, die nicht selten narzisstische Züge haben.

Wir sind gesellschaftlich an einem Punkt angekommen, an dem Männer in sozialen Medien für die Aussage »Mein Schwanz ist biologisch weiblich.« Applaus von denen erhalten, die sich queer nennen. Die Behauptung, dass ihr männliches Geschlechtsteil weiblich sei, was für jeden klar denkenden Menschen, sofort als Absurdität deutlich wird, hat eine inzwischen große Gemeinde an Befürwortern. Sie meinen, durch Behauptungen die Realität verändern zu können und Zugang zu den ihnen verwehrten Bereichen zu erhalten. Feministinnen, die diese Behauptungen widerlegen, die anhand von wissenschaftlichen Fakten (wie dem eindeutigen biologischen Geschlecht) dagegen argumentieren, werden durch Beschimpfungen oder Bedrohungen eingeschüchtert und sollen durch diese typisch patriarchale Verhaltensweise zum Schweigen gebracht werden. Vor kurzem wurde ich frauenfeindlich genannt, von einem Mann, der mir erklären wollte, dass sein Penis weiblich sei. Ich sei frauenfeindlich, weil ich dieser Aussage widersprochen habe. Was für ein Irrsinn.

Wenn eine lesbische Frau, Männer, die sich selbst als Frauen sehen, ablehnt, wird sie transphob genannt, beschimpft und nun also sogar als frauenfeindlich betitelt. Man sieht an dieser Argumentation, den dahinter stehenden Manipulationsversuch, der Hand in Hand mit Vergewaltigungskultur geht. Vor allem unerfahrenen Lesben soll ein schlechtes Gewissen eingeredet werden, wenn sie Männer, die sich Frau nennen, ausschließen. Frauen und Männer, die das Problem erkannt haben, lehnen das Kürzel LGBTQ inzwischen ab und haben weltweit LGB-Allianzen gegründet, die Gender als soziales Konstrukt erkennen, Geschlecht als biologische Tatsache betonen und für die Rechte von Lesben, Schwulen und Bisexuellen kämpfen. Wenn es Transaktivisten darum ginge, einer Minderheit zu helfen und Transsexuelle zu stärken, dann läge der Fokus darauf, diesen Menschen nahe zu bringen, dass nicht ihre Körper falsch sind, auch wenn es sich für sie so anfühlt, sondern, dass die Einstellung unserer Gesellschaft falsch ist. Das wiederum würde sogar Hand in Hand mit Feminismus funktionieren. Transsexuellen gesunde Selbstliebe nah zu bringen und zu verdeutlichen, dass es keine falschen Körper gibt, sondern ihr Gefühl falsch zu sein auf starren Rollenklischees beruht, ist jedoch nicht das Ziel. Auch nicht, ihnen bei der Aufarbeitung von Traumata zu helfen, die zu diesem Selbsthass und zur Verstümmelung des eigenen Körpers führen. Stattdessen liegt der Fokus darauf, Frauen ihre Schutzräume zu nehmen, gesunden Kindern einzureden ihr Körper sei falsch und sie mit Medikamenten und Operationen krank zu machen, Unisextoiletten zu fordern und Menschen, die glauben, mit ihnen stimme etwas nicht, darin zu bestärken, dass das wirklich so ist und zu applaudieren, wenn sie ihre Körper verstümmeln.

Dieser Aktivismus zeigt das gleiche patriarchale Prinzip, wie man es in der Optimierung von Frauenkörpern findet. Dahinter steht eine Millionenindustrie.

Die Queerideologie hat einen weiteren Begriff populär gemacht, nämlich »nichtbinär« oder »nonbinär«. So nennen sich Menschen, die zwar entweder Mann oder Frau sind, dies aber nicht sein möchten. Sie identifizieren sich als »geschlechtslos«. Im Englischen an den Pronomen they/them erkennbar.

Die Versachlichung von Menschen wird in der Queerideologie als Fortschritt gefeiert. Als Loslösung von Geschlechterrollen, obwohl das Gegenteil der Fall ist. Feminismus fordert die Aufhebung von Geschlechterrollen (engl.: gender), was zum Ende des Patriarchats und zur Befreiung der Frauen führen würde. Die Leugnung des biologischen Geschlechts (engl.: sex) löst jedoch keine Geschlechterrollen auf und beendet schon gar nicht Gewalt gegen Mädchen und Frauen, sondern fördert sie, weil Männer davon profitieren, wenn Frauenrechte und Frauenschutz nicht mehr durchgesetzt werden, weil Geschlechter offiziell nicht mehr existieren sollen.

Schutzräume und die Self-ID

Das so genannte Selbstbestimmungsgesetz oder auch Vielfaltsgesetz (international bekannt als Self-ID) ermöglicht es jedem Menschen, per einfacher amtlicher Erklärung sein Geschlecht juristisch zu wechseln. Auch mehrfach nacheinander. Es ermöglicht somit auch jedem Mann, der einfach nur in Frauentoiletten oder andere Frauenbereiche eindringen will, die rechtliche Legitimation dies zu tun. Des Weiteren werden Strafen fällig für alle, die einen Mann als Mann bezeichnen, der sich selbst lieber als Frau definiert, auch wenn er offenkundig ein Mann mit allen dazugehörigen anatomischen Merkmalen ist. Es ermöglicht noch einfacher, Kindern Hormone und Medikamente zu geben, die ihre natürliche Pubertät verhindern, wenn sich diese Kinder nicht stereotyp ihrer Geschlechterrolle entsprechend verhalten und ihnen dann von Erwachsenen eingeredet wird, sie seien deshalb im falschen Körper und somit transsexuell. Es ermöglicht, diese Kinder zu operieren, ihnen ihre Geschlechtsteile zu verstümmeln. Mädchen im Teenageralter die gesunden Brüste zu amputieren. Es wächst eine Generation heran, die psychisch und physisch ein Leben lang unter dem zu leiden haben wird, was Eltern und Gesellschaft ihr angetan haben. Diese Kinder sind wehrlos ausgeliefert. Die Manipulation der Pubertät, mit Hormonen, die den Körper dauerhaft an seiner Entwicklung hindern, bis zu Operationen, die nicht oder nur teilweise rückgängig gemacht werden können und oft zum Verlust der normalen Sexualität und Orgasmusfähigkeit führen. Das alles noch, bevor die Kinder und Jugendlichen erwachsen sind und überhaupt eine Chance hatten, herauszufinden was Leben bedeutet, was ein gesundes Körpergefühl bedeutet, was gesunde Sexualität ist, ob sie hetero-, bi- oder homosexuell sind.

Junge Erwachsene beten sich gegenseitig vor »Man liebt nicht das Geschlecht, sondern die Person.« Ein zunächst niedlich und harmlos klingender Satz, dessen Kern aber lautet »Homosexualität und Heterosexualität existieren nicht, jeder kann jeden lieben.« Solche Aussagen sind Teil der Manipulation und des Gaslightings dem vor allem

Teenager und junge Erwachsene ausgesetzt sind. Das Coming-out als schwul oder lesbisch wird wie in früheren Zeiten erneut zur unüberwindbaren Hürde, weil ihm ein neues Stigma angeheftet wurde. Das Stigma angeblicher Transphobie. Homosexuelle Gefühle dürfen nicht sein, weil sie Personen ausschließen. Eine homofeindliche Rückentwicklung. Während ich diese Zeilen schreibe, steht noch in den Sternen, ob das Selbstbestimmungsgesetz in Deutschland Realität wird, aber es ist bereits in Planung. Wenn ja, bedeutet es die Legalisierung von Homofeindlichkeit und die Abschaffung von reinen Frauenbereichen, in die Männer bis jetzt keinen Zutritt haben oder aus denen sie zumindest rausgeworfen werden können, falls sie sich Zutritt verschaffen.

Männer wollen es nicht akzeptieren, aus Bereichen ausgeschlossen zu werden, denn das sind sie im Patriarchat nicht gewohnt. Darum suchen sie nach Möglichkeiten, in diese Bereiche zu gelangen. Dafür ist ihnen jedes Mittel recht, egal wie absurd es ist. Gleichzeitig sind es genau diese Männer, in denen theoretisch das Potenzial schlummert, das Patriarchat, dem sie als Männer angehören, von innen zu stürzen, denn indem sie Frauen sein wollen, akzeptieren sie die Männerwelt wie sie ist, nicht. Doch statt mit Feministinnen gegen Genderklischees zu kämpfen und dabei ihr Mannsein zu akzeptieren, haben sie sich gegen uns gewandt und bekämpfen, genau wie die meisten Männer, uns Frauen, indem sie sich selbst zu Frauen erklären. Sie erklären ihren Penis zu einem weiblichen Körperteil. Sie verlangen von Frauen, dass wir sie als Frauen anerkennen und wehe dem, wir verweigern uns dieser Ideologie. Dann tun sie das, was frauenhassende Männer schon immer tun: bedrohen, beleidigen, belästigen. Im harmlosesten Fall. Die nächste Stufe ist Stalking und nach oben gibt es bei Männergewalt keine Grenze. Die weiteren Stufen sind körperliche Gewalt, Vergewaltigung, Mord. Wir kennen patriarchale Gewalt alle, auch wenn diese leider selten als solche benannt wird.

Die Behauptung »Man ist das, wonach man sich fühlt« trifft man heute auf Seite der Transaktivisten tagtäglich an. Obwohl sie jeder wissenschaftlichen und logischen Grundlage entbehrt, wird sie als Argument verwendet. Du fühlst dich wie eine Frau, dann bist du eine. So kann sich jeder Mensch spontan zu allem erklären, was er oder sie sein möchte. Wenn man darüber mit Menschen spricht, die sich noch nie in einer solchen Diskussion befunden haben, schütteln sie lachend den Kopf, weil sie die Absurdität darin erkennen. Normaler, gesunder Menschenverstand erkennt, wie unsinnig das Leugnen von biologischen Geschlechtern ist.

Doch in Ideologien sind Fakten, Argumente und Wissenschaft nahezu bedeutungslos. Wenn eine Radfem argumentiert, dass wir Frauen weltweit nur aufgrund unseres Geschlechts diskriminiert werden und wir uns nicht aus dieser Diskriminierung heraus identifizieren können, um frei und sicher zu sein, weil eine gefühlte Identität an den biologischen Tatsachen nichts ändert, lautet die Antwort der Transaktivisten: »Mit transphoben TERFs rede ich nicht.« oder auch nur »TERF!« oder »Du hast keine Ahnung, wovon du redest.«

Statt Gegenargumente zu bringen und eine sachliche Diskussion zuzulassen, werden Beschimpfungen ausgepackt oder der weitere Diskurs verweigert, denn sie wissen genau, dass sie die Fakten nicht entkräften können. Das ist typisch für Menschen, die Ideologien verbreiten. Das bloße Gefühl wird für sie zur Tatsache und alle, die dies nicht gelten lassen, sind der Feind.

Bestimmte Männer, die gar nicht transsexuell sind, sondern autogynophil, also sexuell dadurch erregt werden, wenn sie sich als Frauen kostümieren, spielen im Transaktivismus eine bedeutende Rolle. Die Hauptrolle. Für sie ist die Verkleidung als Frau ein Fetisch, der aber nicht als solcher benannt wird. Sie gelten als »trans« und werden von der Queerideologie hofiert.

Frauen, die lieber Männer wären, sind häufig lesbische oder bisexuelle Frauen, die durch die Flucht in die Männlichkeit glauben, ihre Unterdrückung oder Diskriminierung dadurch loszuwerden. Sie fühlen sich in ihren, im Patriarchat objektifizierten, Körpern unwohl und glauben unbewusst, diesen Zustand durch die Transition zu beenden.

Nicht wenige von ihnen haben Gewalt erlebt. Die Zahl der Detransitioner, Menschen, die ihre Transition rückgängig machen wollen, weil sie erkannt haben, dass ihre Geschlechtsdysphorie ihren Ursprung in der Gesellschaft hat und nicht darin begründet liegt, dass ihr Körper falsch ist, wächst zunehmend. Die Stimmen dieser Personen werden im Transaktivismus ignoriert.

Erkämpfte Frauenrechte, das Recht auf Schutz vor Männern, werden im Zuge dieser Ideologie ausgehebelt. Auch das im Sinne des Patriarchats. Transaktivismus kämpft nicht für Menschen, sondern gegen Menschen. Er ist zum Nachteil von Frauen insgesamt und auch zum Nachteil aller Menschen, die ihren Körper ablehnen, ob männlich oder weiblich. Transaktivismus will niemandem helfen und hilft niemandem. Er manipuliert, zerstört Menschen, Gesundheit, Frauenrechte. Er zerstört Karrieren, wie man mit Blick nach Hollywood bereits sieht. Er zerstört den Frauensport als männerfreien Schutzraum, in dem jetzt Männer, die sich Frau nennen, die ersten Plätze belegen, weil sie den

Frauen körperlich überlegen sind. Die Frauen kämpfen um Platz 2 und wissen das, wenn eine so genannte »Transfrau« im Team ist, schon vor dem Wettbewerb. Was muss es für ein frustrierendes und zugleich hilfloses Gefühl sein, als Top-Athletin schon vor Beginn der Meisterschaft zu wissen, dass man kaum gewinnen kann? Sich nicht dagegen auflehnen zu dürfen, weil man sonst von einem kreischenden Mob als transphobe TERF betitelt wird?

Was den Spitzensport betrifft, setzt sich längst auch in allen anderen sportlichen Bereichen durch, von der Schule bis zur Universität. Länderübergreifend. In Sportarten wie Schwimmen oder Fußball ist es nur der unfaire Wettbewerb, in Kampfsportarten kommt für Sportlerinnen eine erhebliche Erhöhung des Verletzungsrisikos hinzu, wenn sie gegen biologische Männer antreten müssen.

Sport wird ab dem Teenageralter nach Geschlecht getrennt und in der Schule entsprechend unterschiedlich benotet, bei Wettkämpfen verschieden bewertet. Die Basis hierfür ist die Anerkennung biologischer Unterschiede. Auch wenn es immer kräftige Mädchen und zierliche Jungs gab und

geben wird, wird der Durchschnitt als Maßstab genommen. Der Transaktivismus hebelt dieses Vorgehen aus und sorgt damit für eine Beendigung
fairen sportlichen Wettbewerbes. Das Ende des
Frauensports.

Transaktivismus und Queerideologie definieren
Frausein und Mannsein anhand von Gefühlen.
Diese Gefühle entstehen anhand von sexistischen
Klischeevorstellungen, wie eine Frau zu sein hat
und wie ein Mann zu sein hat. Mit Feminismus hat
dies nichts zu tun.

Das umgewandelte Kind

Homosexuelle Erwachsene haben bereits in ihrer Kindheit häufig Stereotype gebrochen. Der kleine Junge, der sich gern als Prinzessin verkleidet hat und sich die Nägel lackieren wollte. Das kleine Mädchen, das als Wildfang galt, kurze Haare haben wollte und auf Bäume geklettert ist.

Kinder, die mit Rollenstereotypen brechen, werden heute vielerorts zu Trans-Kindern erklärt. Das ist kein deutsches oder europäisches Phänomen, sondern betrifft inzwischen Länder rund um den Erdball. »Lily, du wärst lieber ein Junge, oder?« Und die kleine Lily denkt an die schönen Dinge, die sie so mag und welche die Jungs dürfen und nickt eifrig. Sie will auch wie die Jungs sein! Die modernen Vorstadteltern, deren Tochter nicht dem Rollenklischee einer Prinzessin entspricht und kein rosa mag, sind sich also sicher: Lily ist ein Sohn. Lily wird ab jetzt Linus genannt. Endlich darf sie »Jungenklamotten« tragen, darf mit »Jungsspielzeug« spielen und die Eltern sind glücklich: Das Klischee passt wieder. Sobald Lily sich dem Teenageralter nähert, wird ihre natürliche Pubertät verhindert. Sie erhält Medikamente und Hormone. Wenn sie bereits in der Pubertät ist, werden ihre Brüste zunächst weg gebunden und dann amputiert. In Ländern wie den USA sind Mastektomien bei minderjährigen Mädchen bereits keine Seltenheit mehr. Auf Fotos, die in den sozialen Medien verbreitet werden (teils sogar von den jeweiligen Kliniken), sieht man dann ein junges Mädchen mit frischen OP-Narben, das unsicher in die Kamera lächelt. Als ob es tief in seinem Inneren bereits ahnt, dass hier gerade etwas schief gelaufen ist. Die Eltern des angeblichen Trans-Kindes platzen vor Stolz. Sie sind so modern, sie machen das Richtige für ihren Linus. Glauben sie. Im Internet wird ihnen applaudiert. So mutig. So fortschrittlich. Die Befürwortung sorgt dafür, dass sie immer sicherer in ihrem Handeln werden.

Irgendwann nach der Pubertät, wenn sich Lily von den Ansichten ihrer Eltern löst, stellt sie fest, dass sie einfach nur eine lesbische junge Frau ist, die schon als Kind unbewusst die typischen Rollenmuster abgelehnt hat. Ihr Körper ist irreversibel geschädigt und verstümmelt. Falls sie bereits die komplette Transition durchlaufen hat, wird sie niemals ein normales Sexualleben haben. Im schlimmsten Fall wurde ihr ihre Orgasmusfähigkeit durch die Operationen und damit verbundenen Nervenschädigungen geraubt. Die Klitoris wurde zerstört und an einem Fleischschlauch (Haut, die vom Arm oder Oberschenkel abgeschnitten wurde und um eine künstliche Harnröhre herum zu einer Nachbildung eines Penis aufgerollt wurde) festgenäht.

Die Täter: ihre eigenen Eltern, Ärztinnen und Ärzte, die Politik, die es ermöglicht hat und eine Gesellschaft, die diese Menschenrechtsverletzungen durch ihr Schweigen erlaubt hat.

Was klingt wie aus einem dystopischen Horrorfilm, ist auf dieser Welt bereits Realität und wird durch Transaktivismus und Queerideologie gefördert. Englische Feministinnen haben den sarkastischen Satz »Trans the gay away« geprägt, in Anlehnung an »Pray the gay away«, womit die vor allem in den USA verbreitete (oft religiös motivierte) Konversionstherapie gemeint ist, die homosexuelle Jugendliche wieder auf Kurs bringen soll, sie wieder hetero machen soll. Was unmöglich ist, denn ob jemand homo- oder heterosexuell ist, ist weder beeinflussbar noch änderbar. Es ist angeboren. Der Transaktivismus bedient sich der gleichen Methode.

Manche Menschen entdecken ihre Homosexualität schon als Jugendliche, andere erst im späteren Alter. Heute werden Kinder und Jugendliche nicht mehr nur durch Gehirnwäsche und sozialen Druck manipuliert, sondern direkt auch durch körperliche Eingriffe. Dieses Vorgehen ist Kindesmissbrauch und muss als solcher betrachtet und behandelt werden.

Ein Wort zur Intersektionalität

Eine ständig zu lesende Aussage von Queeraktivisten, die ihre Aktivitäten als Queerfeminismus bezeichnen, ist der Vorwurf, Radikalfeminismus sei für privilegierte, weiße, wohlhabende Frauen. Auch an dieser Aussage erkennt man, dass Feminismus nicht verstanden wurde.

Feminismus ist immer intersektional, denn er ist für alle Frauen und Mädchen dieser Welt, er bezieht sich auf jede einzelne Frau und jedes einzelne Mädchen, ungeachtet der Herkunft, der Ethnie, der Religion, der politischen Gesinnung, des Standes, ob arm oder reich. Unser Kampf inkludiert alle, auch die Frauen, die dem Patriarchat dienen, die ihre eigene Unterdrückung nicht erkennen wollen, die nicht sehen wollen wie sie als Werkzeuge des Patriarchats selbst zu Täterinnen werden.

Feminismus ist eine Frauenbewegung, es geht einzig und allein um uns Frauen. Nicht um Männer. Nicht um Männer, die behaupten sie seien Frauen und deshalb einbezogen werden wollen. Feminismus ist nicht für alle. Feministinnen haben nicht die

Aufgabe, sich um die Bedürfnisse von Männern zu kümmern. Diese Forderung ist die uralte Forderung des Patriarchats, welches Frauen keine eigenen Rechte zugesteht. Auch Männer leiden im Patriarchat, aber sie haben als Männer die Macht dies zu ändern. Für Männer zu kämpfen, ist nicht die Aufgabe von Frauen. Wir haben mehr als genug mit unserer eigenen Befreiung zu tun, bei der wir keine Hilfe von Männern brauchen oder erwarten, weil »Hilfe« im Patriarchat wiederum bedeutet, nach Männerregeln zu spielen. Wir dulden die Unterstützung von den Männern, die Feminismus verstanden haben und Verbündete der Bewegung sind. Doch diese sind so wenige, dass sie in der Masse ihrer frauenfeindlichen Brüder untergehen. Bisher jedenfalls. Es bleibt zu hoffen, dass sich das ändert. Dies zu ändern ist aber Aufgabe der Männer selbst.

Die meisten Radikalfeministinnen haben Gewalterfahrung oder kennen Gewalt gegen andere Frauen aus ihrem Umfeld. Viele sind Ex-Prostituierte oder noch aktive Prostituierte oder kennen als Mütter das Drama vor Familiengerichten und Ex-Partner, die sie unter Druck setzen. Sie kennen Stalking, sie kennen sexuelle Belästigung, sie kennen die alltäglichen Beleidigungen in sozialen Medien. Die Aufforderungen »TERFs« zu vergewaltigen, das Missachten und Leugnen von Homosexualität, die Forderungen als Lesben Männer als Frauen anzusehen. Viele wurden zu Radfems, weil sie erkannt haben, dass das, was sich Queer- oder Liberalfeminismus nennt, im Kern frauenfeindlich ist.

Feministische Intersektionalität und damit Fokus auf alle Frauen und Mädchen, gibt es nur im Radikalfeminismus, denn Radfems teilen Frauen nicht in »richtig« und »falsch« ein, sondern wissen, dass alle Frauen im Patriarchat unterdrückt werden, egal ob sie sich dessen bewusst sind oder nicht.

3. Prostitution

Die Lüge von der Freiwilligkeit

Wo auch immer man heute über das Thema Prostitution schreibt, redet, diskutiert, fällt sehr schnell die Behauptung »Es ist das älteste Gewerbe der Welt« gern mit dem Zusatz »Das kann man nicht verbieten.« Menschen, die das sagen, teilen sich in zwei Gruppen: Diejenigen, die sich noch nie ernsthaft mit Prostitution beschäftigt haben, nie einer Aussteigerin zugehört haben und etwas weitergeben, was sie von jemandem gehört haben, ohne selbst darüber nachzudenken und an zweiter Stelle diejenigen, die sehr wohl wissen was Prostitution bedeutet, die durchaus im Thema sind, jedoch entweder selbst direkte oder indirekte Profiteure der Prostitutionslobby sind oder sich selbst stolz Sexarbeiterin nennen und noch nicht verstanden haben oder nicht wahrhaben wollen in was für einem System sie sich befinden. Letzteres, der Mythos der stolzen Prostituierten, hat mehrere Gründe. Verdrängung spielt eine wesentliche Rolle. Die meisten

Prostituierten, die aus eigenem Antrieb mit der Prostitution begonnen haben, hatten eine ausgeprägte Phase der Verdrängung, in der sie sich eingeredet haben es gern und freiwillig zu tun und jederzeit aufhören zu können. Häufig ist der Gedanke »Nur dieses eine Mal« sogar der Einstieg. Sich einmal etwas hinzuverdienen. Nur einmal, damit die hohe Rechnung für die neue Waschmaschine bezahlt werden kann. Damit der Dispokredit ausgeglichen wird. Damit das Kind ein schönes Geburtstagsgeschenk bekommt oder mit auf die Klassenfahrt kann oder um dem ebenfalls menschenfeindlichen System Hartz IV zu entgehen oder aus genau diesem raus zu kommen oder um sich nicht von Verwandten oder Bekannten Geld leihen zu müssen. Sich einzureden es gern und freiwillig zu tun, ist Teil des Überlebens.

Frauen, die es »gern« tun, realisieren (noch) nicht, dass sie damit die Frauenfeindlichkeit des Patriarchats unterstützen. Sie erklären sogar öffentlich, dass Prostitution Frauen stärken würde und feministisch sei. Dies wird von der Prostitutionslobby, von Freiern, von der Politik und von der allgemeinen Bevölkerung genutzt, um die Menschenrechtsverletzung namens Prostitution weiterhin zu rechtfertigen. Das Nordische Modell, welches ausschließlich die Freier und Zuhälter kriminalisiert und den Prostituierten hilft, indem diesen keine Strafen mehr drohen und Hilfe zum Ausstieg geboten wird, lehnen diese Frauen entsprechend ab. Auch die Medien beteiligen sich leider noch immer rege an der Falschinformation der Bevölkerung, indem sie uninformierte Schlagzeilen schreiben, in denen sie das Nordische Modell mit Sätzen wie »Verbot der Prostitution« beschreiben, was es nicht ist. Während der Coronapandemie mussten unzählige Frauen Strafen zahlen, weil sie sich notgedrungen weiter prostituiert haben. Daran erkennt man die vollständige Ignoranz seitens Justiz und Politik. Auch diesen Frauen wurde Freiwilligkeit und damit eine Wahl unterstellt. Sie wurden dafür bestraft, dass sie versucht haben, zu überleben.

Prostitution ist so alt wie die Menschheit, aber sie ist kein Gewerbe. Schon immer gab es Frauen, die dazu gezwungen wurden, ihren Körper vergewaltigen und misshandeln zu lassen. Gezwungen meist von Männern, aber auch von anderen (privilegierteren, mächtigeren) Frauen, eng verknüpft mit Sklaverei. Es gab zu allen Zeiten bereits Frauen, die sich aus eigenem Antrieb (»freiwillig«) prostituierten, die ihren Körper verkauften, weil er das Einzige war, was sie verkaufen konnten, um an lebensnotwendige Ressourcen zu gelangen. Es war kein Beruf, es hatte oft nicht mal einen Namen (auch heute prostituieren sich Frauen, ohne dies so zu bezeichnen, vor allem diejenigen, die es nur gelegentlich tun), aber die Handlung an sich, den eigenen Körper zur Befriedigung eines Mannes zur Verfügung zu stellen, um zu überleben, war und ist immer das gleiche Prinzip.

Die Sklaverei ist heute abgeschafft und moderne Industrieländer rühmen sich damit, frei und fortschrittlich zu sein. Bewusst ignoriert wird die Tatsache, dass wir Millionen Sklavinnen unter uns haben. Frauen, die zur Prostitution gezwungen sind, sei es durch Zuhälter, durch Traumata, die aus früherem Missbrauch resultieren und dem Gefühl der Wertlosigkeit und durch Geldmangel, welcher auch eine Form von Zwang darstellt.

Dass Prostitution bis heute als das älteste Gewerbe der Welt bezeichnet wird, ist nicht nur sachlich falsch, sondern auch zynisch gegenüber dem überwiegenden Teil der Frauen, die sich nicht mal bewusst dafür entschieden haben, sondern durch andere Menschen gezwungen wurden und werden. Ein Gewerbe war sie nie und ist sie auch heute nicht.

Irgendwann in der frühen Menschheitsgeschichte wird es eine Frau gegeben haben, die etwas brauchte, aber nichts hatte, was sie dafür geben konnte. Ein materieller Tauschhandel war nicht möglich. Vielleicht brauchte sie Nahrung, Wasser, eine Zuflucht vor Unwetter, vor Kälte oder Hitze. Vielleicht war sie aus ihrem Familienverband verstoßen worden und brauchte, um zu überleben, den Schutz einer neuen Familie, eines Stammes. Vielleicht ist sie selbst geflüchtet, weil ihr Gewalt angetan wurde, oder sie war die letzte Überlebende ihrer Familie und musste sich einen neuen Familienverband suchen, um überleben zu können. Das Einzige, was sie anbieten konnte, war sie selbst. Ihren Körper. Die sexuelle Befriedigung eines Mannes (sowie je nach Alter auch ihre Fruchtbarkeit und Gebärfähigkeit), der ihr im Gegenzug das gab, was sie brauchte. Die Geburtsstunde der Prostitution. Der wirtschaftliche und massenhafte Missbrauch begann, als sich durch die Sesshaftigkeit das Patriarchat ausbreitete, als Dörfer und Städte entstanden und Sklavenhalter ihren finanziellen Nutzen auch in der sexuellen Ausbeutung erkannten. Dieses Prinzip ist bis heute unverändert. Zuhälter und Bordellbesitzer sind moderne Sklavenhalter. Verborgen hinter bunter Fassade. Öffentlich von einer schweigenden Mehrheit akzeptiert, von Feministinnen angeprangert, von der Politik entweder ignoriert oder sogar gefördert. Das liegt daran, dass Freier in jeder Gesellschaftsschicht zu finden sind. Politiker sind selbst Freier. In meiner Zeit als Domina, die »nur« zwei Jahre dauerte, habe ich mehrere Politiker in NRW kennen gelernt. Als meine Kunden. Man kennt ihre Namen. Wir Aussteigerinnen können sie aber nicht veröffentlichen, weil wir dann wegen Verleumdung oder Beleidigung angezeigt werden und es ist klar, wer in so einem Fall am längeren Hebel sitzt.

Die Lüge von der Freiwilligkeit verhindert ernsthafte Debatten. Es wird ignoriert, dass Freiwilligkeit nur bestehen kann, wenn es Alternativen gibt (und zwar barrierefreie Alternativen, die für die Frauen leicht zugänglich sind) und wenn keine Not und kein Mangel besteht.

In der Prostitution geht es darum, Geld verdienen zu können, welches zum Überleben notwendig ist oder andere lebensnotwendige Ressourcen zu erhalten. Daran hat sich seit tausenden Jahren nichts geändert. Das Prinzip ist heute noch genau das gleiche. Die Frau braucht etwas und verkauft das, was Männer, die in der Regel mehr Macht haben, wollen und was häufig das Einzige ist, was sie hat: ihren Körper. Wenn die Frauen Gewalt von Kindesbeinen an als Normalität kennen, ist das Risiko in der Prostitution zu landen, sehr hoch. So genannte freiwillige Prostituierte passen sich den Umständen an, um zu überleben.

In der Antike waren Haussklavinnen und Haussklaven in bürgerlichen Häusern der Oberschicht die

Normalität. Neben Hausarbeiten mussten sie den Bewohnern und ihren Gästen zur sexuellen Befriedigung zur Verfügung stehen. Sie galten als Besitz. Gehörten zum Inventar des Hauses. Wurden gekauft und verkauft oder getötet. Jedoch gab es auch damals bereits »freiwillige« Prostituierte, die in Hurenhäusern oder auf der Straße arbeiteten. Genau so wie heutige Prostituierte taten sie das nicht aus Spaß, sondern mangels Alternativen. Im Hurenhaus hatten sie ein Dach über dem Kopf und bekamen etwas zu essen. Die Betreiber und Zuhälter verdienten an ihnen. Das selbe Prinzip wie in heutigen Bordellen in denen sich die Prostituierten, oft zu Wucherpreisen, einmieten können. Bevor sie selbst Geld verdienen, müssen sie erst die Miete erarbeiten, indem sie sich sexuell benutzen lassen.

Im Mittelalter war der Hurenwirt (oder die Hurenwirtin) aus kaum einer Stadt wegzudenken. Aus heutiger Sicht: ein Bordellbetreiber und Zuhälter, der nebenbei eine Kneipe oder ein Gasthaus betrieben hat. Mädchen und Frauen, die in Ungnade gefallen waren, unverheiratet schwanger wurden, allein waren, fanden dort ein Obdach und in den anderen Prostituierten eine Ersatzfamilie, wobei die Freundinnen zugleich die Konkurrentinnen waren und Vertrauen einer Prostituierten teuer zu stehen kommen konnte. Babys, die geboren wurden, wuchsen im Hurenhaus auf oder die jeweilige Frau wurde hinaus geworfen. Während der Sklaverei in den USA war es üblich, dass weibliche Sklavinnen dem »Master« und dessen Söhnen zur sexuellen Verfügung stehen mussten. Wenn sie schwanger wurden, konnten sie auf das Privileg leichterer Arbeit als Haussklavinnen hoffen, im Gegensatz zur harten Arbeit unter sengender Sonne auf den Feldern.

Die Sklaverei wurde offiziell abgeschafft. Der Frauenhandel nicht. Er blüht und gedeiht auf allen Kontinenten bis heute. Das Patriarchat hat es erfolgreich geschafft, der Gesamtbevölkerung einzureden, Prostitution sei ein Beruf wie jeder andere. Die Vergewaltigung von Frauenkörpern, Gewalt gegen Frauen, Objektifizierung sei ein Beruf. Der zynische Begriff »Sexarbeit« wurde geschaffen. Sexualität zur Arbeit erklärt. Dies hat nicht nur Folgen für Prostituierte, die aufhören möchten und da-

durch immer weniger effiziente Hilfsangebote erhalten, sondern für alle Frauen, deren Partner ganz
selbstverständlich ins Bordell gehen und sich dort
das holen, was die eigene Partnerin nicht zu tun
bereit ist. Druck entsteht im privaten Schlafzimmer,
denn die Partnerin weiß, entweder gibt sie ihm, was
er will oder er holt es sich im Bordell. Das führt dazu, dass Frauen Dinge mitmachen, die sie gar nicht
wollen. Sich also vergewaltigen lassen, benutzen
lassen. Was Männer aber keineswegs davon abhält,
dennoch zu Prostituierten zu gehen. Der Mann
nimmt sein patriarchales Recht auf Benutzung von
Frauenkörpern in Anspruch. Wenn keine Frau mit
ihm Sex möchte, weil er gewalttätig ist oder schmut-
zig, unhygienisch ist, charakterlich nicht in der Lage
Frauen kennen zu lernen, Frauen nicht respektvoll
behandeln möchte, bleibt ihm die Prostituierte, die
keine Wahl hat, die ihn gewähren lassen muss. Das
Patriarchat gibt Männern das Recht auf Sex, wann
immer sie wollen. Partnerinnen und Ehefrauen
werden mit Geschlechtskrankheiten infiziert, die
sich der Mann im Bordell holt, weil er dort auf un-

geschützten Verkehr besteht und die Prostituierte den Freierwunsch nicht ablehnen darf.

Wenn Frauen herausfinden, dass ihr Partner zu Prostituierten geht, trifft ihre Wut häufig die »anderen Frauen«, also die Prostituierten, weniger ihren Partner. Die Manipulation hat perfekt funktioniert. Die Heilige hasst die Hure. Frauen hassen sich lieber gegenseitig statt ihre Unterdrückung, die sie (wenn auch in verschiedener Form) gemeinsam haben, zu erkennen und sich gegen die Männer zu verbünden. Das tun nur Feministinnen, die dafür der meiste Hass trifft.

Auch dem Singlemann, dem ein normaler Kennenlernprozess zu aufwändig ist, der Karrieretyp, der kein Interesse daran hat, die Bedürfnisse einer Frau zu respektieren, nimmt stattdessen die Escortdame mit zur Firmenfeier und anschließend mit ins Hotel. Er mietet sich einen Frauenkörper für seine Zwecke.

Es spielt keine Rolle, ob die Prostituierte zehn Euro auf dem Straßenstrich oder tausend Euro im Escort erhält. Am Ende bleibt die Frau, deren Körper benutzt wird und der Mann, der dafür zahlt, ihren Körper zu benutzen. Durch den Geldschein wird der Missbrauch, die Vergewaltigung, der Menschenhandel legal. Durch das Nordische Modell werden die Männer für ihre Taten bestraft, doch in Deutschland ist der Widerstand bisher beachtlich, was aber nicht verwundert, angesichts des in allen Bereichen üblichen Täterschutzes und der mächtigen Lobby. Wenn Razzien in Bordellen stattfinden, möchte die Polizei herausfinden, ob sich die Frauen legal in Deutschland aufhalten. Wenn dies nicht der Fall ist, werden sie bestraft. Dass sie Opfer von Menschenhändlern sind, muss sich beweisen lassen, die Frauen, zu Tode verängstigt, müssten gegen ihre Zuhälter aussagen, was sie sich meist verständlicherweise nicht trauen, sofern sie überhaupt Deutsch sprechen. All das wird sich nicht ändern, solange Frauenkauf legal ist, die Frauen statt der Freier kriminalisiert werden, solange Männer Frauenkörper gegen Geld sexuell benutzen dürfen.

Männer, die Frauen kaufen

Wenn von Freiern die Rede ist, hat man einen bestimmten Männertyp im Kopf. Dazu gehört eher nicht der gepflegte Bankberater, der erfolgreiche Chefarzt, der gutaussehende Rechtsanwalt, doch genau diese Männer sind Freier. Männer jeder Schicht, jedes Berufsstandes sind Freier. Der einfache Handwerker, der Arbeitslose, der Firmenchef, der Politiker, der Anzugträger und Millionär genauso wie der ungepflegte Typ von nebenan, der sich mit fünfzig Jahren noch von seiner Mutter die Unterwäsche falten lässt und nie eine Beziehung hatte.

Es gibt nicht »den Freier«. Man erkennt Freier nicht auf den ersten Blick, genauso wenig wie man den schlagenden Ehemann und Kinderschänder spontan erkennt. Unsere Gesellschaft verdrängt die Tatsache, dass man Tätern ihre Verbrechen nicht an der Nasenspitze ansieht. Das gilt für die Prostitution genauso wie für Beziehungsgewalt und alle anderen vorwiegend von Männern verübten Verbrechen. Das Klischee vom Freier, schützt die

Männer. Die meisten Frauen kämen nicht auf die Idee, dass ihr Ehemann oder Partner Freier ist. Sie glauben es nicht, weil sie es nicht glauben wollen. Andere Männer tun das, aber nicht der eigene. Niemals.

Dass so viele Frauen dies denken, ist der ideale Täterschutz. Sie können ungestört agieren und falls eine Frau Verdacht schöpft, empört die Opferrolle einnehmen »Schatz, was denkst du denn von mir!« Er gehört nicht zu den Tätern, sowas hat er nicht nötig, das sind immer nur die anderen. Die Realität spricht eine andere Sprache.

Männliche Jugendliche wachsen in der Gewissheit auf, dass Prostitution normal ist. Vor allem seit »Sexarbeit« als normaler Job angepriesen wird. Manche werden sogar von ihren Vätern oder älteren Brüdern mit ins Bordell genommen, um ihre Jungfräulichkeit zu verlieren. Nebenbei konsumieren sie Pornos. Das alles halten sie dann für normale Sexualität, was sich in ihren privaten Beziehungen niederschlägt. Jugendliche Mädchen und junge Frauen werden mit den Erwartungen gleichaltriger

Jungen/Männer konfrontiert und glauben, diese erfüllen zu müssen. So entstehen schon früh missbräuchliche Beziehungen, in denen die Lust des Mannes, sein Samenerguss, im Fokus steht. Diese Einstellung setzt sich in vielen heterosexuellen Beziehungen ein Leben lang fort. Sex ist die Penetration und endet mit dem Samenerguss.

Für Frauen gibt es im Patriarchat nur zwei mögliche Rollen. Die Hure und die Heilige. Huren sind einerseits alle Frauen, die im Patriarchat nicht als nützlich gelten (weil sie es bekämpfen, kritisieren oder sich nicht an die Regeln halten). Feministinnen, Lesben, Karrierefrauen und Frauen, die glückliche Singles sind (vor allem, wenn sie über 30 oder sogar über 40 Jahre alt sind) sowie Frauen, die kinderlos sind, somit ihrer patriarchalen Fortpflanzungspflicht nicht nachgekommen sind und selbstverständlich Prostituierte. Hier kommt der Widerspruch zum Tragen, dass Prostituierte im Patriarchat als Gruppe der jederzeit legal missbrauchbaren Frauen wichtig sind, zugleich aber als Abschaum der Gesellschaft behandelt werden. Kaum ein Mann möchte mit einer Prostituierten eine Beziehung führen oder sie als solche seinen Freunden vorstellen, auch wenn die meisten dieser Männer mit hoher Wahrscheinlichkeit schonmal im Bordell waren oder sogar aktive Freier sind. Im Privatleben wollen sie die Heilige, abgesehen vom eigenen Schlafzimmer, wo allzu sittsame Frauen wiederum unerwünscht sind und als verklemmt gelten. (Es gibt kein »richtig« im Patriarchat.)

Die Gruppe der Heiligen beinhaltet Ehefrauen und Mütter, die dem Patriarchat keine Probleme machen. Das bedeutet, dass sie ihrem männlichen Partner ein möglichst angenehmes Leben bereiten, für Sex immer dann wenn er will zur Verfügung stehen, ihre eigene Lust und Befriedigung hinten an stellen, Orgasmen vortäuschen, damit er zufrieden ist, Kinder gebären, wobei mindestens ein Sohn als »Stammhalter« dabei sein sollte und sie sich nach patriarchaler Definition »gut« um diese kümmern, was bedeutet: aufopferungsvoll, ohne Ermüdungs- erscheinungen und ohne zu klagen. Weiterhin Frauen, die ihre Wünsche und Bedürfnisse (auch in beruflicher Hinsicht) denen des Mannes anpassen und in der Öffentlichkeit nichts tun, was eine Hure tun würde, wozu bereits der zu kurze Rock zählt. Klingt nach längst vergangenen Zeiten? Mitnichten. Ein Blick in eine »ganz normale« heterosexuelle Ehe mit Kindern zeigt überwiegend genau das, mal mehr und mal weniger stark ausgeprägt, aber im Kern immer ähnlich.

BDSM

Der Begriff BDSM stammt aus dem Englischen und bedeutet Bondage & Discipline (Gefangenschaft/gefesselt sein & Disziplin), Dominance & Submission (Dominanz & Unterwerfung), Sadism & Masochism (Sadismus & Masochismus). Abgekürzt wird er oft mit SM für Sadomasochismus. Der Begriff Bondage wird im Deutschen als Oberbegriff für Fesselungen im Allgemeinen verwendet.

Der Begriff Sadismus geht auf den französischen Adligen Marquis de Sade (1740 - 1814) zurück. Er war ein berüchtigter Vergewaltiger, Pädophiler, Pornograf und Folterer, der schon zu Lebzeiten Berühmtheit aufgrund seiner Grausamkeit und Brutalität erlangte, mehrfach verhaftet (und immer wieder frei gelassen) wurde und vor allem unter Prostituierten gefürchtet war. Er schrieb Romane, in denen er seinen pornografischen Gewaltphantasien freien Lauf ließ und lebte dieselben in seinem Alltag an Frauen und Kindern aus, indem er sie vergewaltigte, verstümmelte, mit Folterwerkzeugen wie der Peitsche quälte und zum Teil gefangen hielt.

Sadismus bedeutet, sexuelle Erregung zu empfinden, indem man anderen Menschen oder Tieren
Schmerz zufügt. Masochismus ist das Gegenteil
davon; jemand, der sexuelle Erregung durch
Schmerz empfindet. In der BDSM-Szene sind beide
Wörter alltäglich. Dominas verwenden sie in Kon-
taktanzeigen, wenn sie Kunden (»Sklaven«) suchen,
häufig ohne die Geschichte des Begriffs im Detail
zu kennen. Der Marquis de Sade ist in der Szene für
die meisten eine mystische (und eher positiv be-
setzte) Legende, falls sie sich überhaupt jemals auch
nur am Rande mit ihm beschäftigt haben.

Wie normale Prostituierte auch, üben Dominas
diese Tätigkeit vorwiegend aus, um Geld zu verdienen, denn die Nachfrage seitens der Männer ist
vorhanden. Eine Domina ist eine Schauspielerin,
verkauft die Illusion von Dominanz an ihren zah-
lenden Gast. Sie erfüllt seine Wünsche, wird aber
behaupten, sie erfülle keine Wünsche und tue nur,
was ihr gefällt und was sie genießt. Das ist Teil der
Illusion, Teil des »Spiels«.

Frauen, die negative Erfahrungen mit Männern
haben, werden die scheinbare Macht durchaus zu-

nächst genießen, jedenfalls für eine gewisse Zeit. Bis sie selbst merken, dass sie als Domina keinerlei Macht besitzen. Männer hingegen, die sich dominant oder sadistisch nennen und eine masochistische Partnerin suchen, tun dies üblicherweise rein privat und nicht mit finanziellen Interessen. Sie suchen sich schüchterne Frauen, häufig traumatisierte Frauen aus und beginnen eine Beziehung mit ihnen. Durch Manipulation und Gaslighting vertrauen die Frauen den Männern, während diese zunächst langsam, dann immer mehr und immer brutaler ihre Gelüste an ihnen ausleben. Die Frauen beginnen zu glauben, dass dies genau das ist, was sie brauchen, dass der Mann es gut mit ihnen meint, dass sie eine »starke Hand« benötigen. Je brutaler das »Spiel« desto liebevoller das Nachspiel (in der Szene »Aftercare« genannt) welches unweigerlich zu Traumabonding führt.

Das Thema BDSM hat es schon lange in allen Abstufungen ins private Schlafzimmer geschafft und es gibt kaum ein anderes Thema, bei dem ich persönlich, als ehemalige Domina, so viel Gegenwind erlebe, wie bei diesem. Selbst manche Frauen, die ich eigentlich als Feministinnen kennengelernt habe, geraten bei BDSM oft ins Stocken. Ganz einfach, weil sie es selbst entweder praktiziert haben oder es noch immer tun, im privaten Bereich, auch in lesbischen Beziehungen. Die moderne Gesellschaft suggeriert uns allen, dass BDSM eine harmlose sexuelle Vorliebe ist, die völlig normal sei und Toleranz verdienen würde. Spätestens seit der Popularität einer gewissen Buch- und Filmreihe in der munter drauflos geknebelt und geschlagen wird, eingebettet in Romantik und den ewigen Mädchentraum vom rettenden Prinzen, ist es kein Tabuthema mehr, sondern etwas, was man probiert haben soll, wenn man im Trend sein möchte. Solange sich das im Rahmen von Augen verbinden und Plüschhandschellen bewegt, mag es harmlos sein. Ich lehne heute selbst das ab, denn es ist oftmals nur der Anfang. Je nach Charakter, je nach Persönlichkeit und vor allem je nach dem, an welchen Partner oder welche Partnerin man gerät, kann es der Einstieg zu echtem BDSM sein, der immer grenzüberschreitend und immer mit psychischer und häufig auch körperlicher Gewalt verbunden ist.

Ich habe zwei Jahre als professionelle Domina gearbeitet. Niemand hat mich dazu gezwungen. Es war meine bewusste Entscheidung, die ich aufgrund von Geldmangel traf und aufgrund der Illusion meine eigene Chefin zu sein. Mein erster Kontakt mit dem Thema fand lange vor meiner Domina-Zeit statt. Wie bei so vielen Menschen in Form von »mal die Augen verbinden, mal die Handgelenke fesseln, mal ein bisschen experimentieren, mal Grenzen austesten«. Wie wird eine ganz normale junge Frau, noch dazu eine lesbische Frau, Domina? Bei mir war es eine Verkettung von Umständen. Falsche Bekanntschaften. In die professionelle BDSM-Szene rutscht man nicht ohne Kontakte hinein. Es ist nicht so wie bei der Prostitution, zu der sich tausende Frauen, mehr oder weniger spontan, aus Geldnot entschließen (diejenigen, die es »freiwillig« tun), denn als professionelle Domina braucht eine Frau nicht nur gewisse Outfits, sondern auch Equipment und vor allem Hintergrundwissen. Es geht nicht um Geschlechtsverkehr (jedenfalls nicht bei unberührbaren Dominas, wie ich es war) sondern um den Psychokick, den die

Kunden wollen und um ihnen diesen zu verschaffen, muss man erstmal verstehen, was sie sich wünschen und woher diese Wünsche kommen. Bei denen, die masochistisch veranlagt sind, also Schmerz wollen, kommen Kenntnisse über Anatomie/Medizin hinzu, die eine Domina haben muss, um die Kunden nicht ernsthaft zu verletzen, Kreislaufprobleme abzuwenden bevor sie entstehen und auch den im BDSM so genannten »Absturz« zu vermeiden, bevor es dazu kommt. Das ist mir glücklicherweise immer gelungen, wobei die Tatsache, dass ich eine medizinische Ausbildung habe, hilfreich war.

Man sieht schon an dieser Beschreibung, dass das alles kein Spiel ist, auch wenn es innerhalb der Szene so genannt wird. Es ist bitterer Ernst und so gut wie niemand ist sich dessen bewusst, wenn er oder sie im heimischen Schlafzimmer mit BDSM beginnt. Mehr als genug Menschen werden täglich in die Notaufnahmen eingeliefert, wenn etwas schief gegangen ist. BDSM-Unfälle sind keine Seltenheit. Dazu gehören auch autosexuelle Unfälle, bei denen sich Menschen selbst Lust durch Verletzungen und Schmerzen verschaffen wollen. Ich habe als Domina nie in Studios gearbeitet, sondern in speziell eingerichteten BDSM-Wohnungen, die man in ganz Deutschland in jeder größeren Stadt stundenweise anmieten kann. Diese Wohnungen sind für die normale Bevölkerung nicht als BDSM-Locations erkennbar. Es sind zum Teil ganz normale Einfamilienhäuser oder Eigentumswohnungen in normalen Wohnvierteln, in Neubaugebieten, in Urlaubsgebieten mit Ferienhäusern, je nach Region. Als ich das erste Mal zu einer solchen Location fuhr, war mein Gedanke »Was, hier soll das sein? Ich bin doch sicher falsch.« Mit dem Öffnen der Tür betritt man eine andere Welt, die von außen niemand erahnt. Es ist schockierend und faszinierend zugleich. Vor allem als junge Frau, die noch leicht zu beeindrucken ist, übt die Faszination dieser Parallelwelt einen unwiderstehlichen Sog aus.

Mein Kontakt zum Einstieg war eine andere Domina, der ich aus Neugier über die Schulter geschaut habe und anschließend der Gedanke »Okay, mit nur einem Termin wäre mein Konto glatt, ich probiere es mal.« und wie es bei den meisten ist, blieb es nicht bei ein, zwei Terminen. Ich habe nicht gemerkt, dass ich in einen Sog geriet. Warnzeichen habe ich wahrgenommen, aber nicht darauf reagiert. Ich hing schon zu tief drin, hatte mir einen Namen in der Szene gemacht und mir eingeredet, ich mache es freiwillig und könnte jederzeit aufhören, wenn es zu schlimm werden würde. Sich das einzureden, sorgt dafür, dass man durchhält. Die Gesellschaft fördert das. Auch sie redet einem ein, dass es ein normaler Job sei. Wenn ich anderen erzählt habe, dass ich Domina bin, war die Reaktion fast immer »Wow, das ist cool.« und ich habe auch selbst geglaubt, dass es das ist. Dominas werden online genauso bewertet wie Prostituierte. Die Männer tauschen sich in Foren aus. Das alles geschieht in rasend schnellem Tempo. Wenn in einer Stadt eine neue Domina auftaucht, stürzen sich die Männer auf ihre Annoncen. Die erste Zeit ist die, in der sich viel entscheidet. Auch hier wieder: Macht. Die Macht haben immer die Männer. Sie halten die Fäden in der Hand.

Am Anfang kam es mir vor, als würde ich wirklich gutes Geld verdienen. Wobei man einen Großteil des Geldes nur in die Tätigkeit an sich steckt: Miete für die Locations, Werbeanzeigen, die verschiedenen Outfits, Equipment (Kauf, Pflege, Reparaturen) und Utensilien wie Handschuhe, Desinfektionsmittel. Jedenfalls wenn man mit hochwertigen Produkten arbeitet, was wiederum für einen guten Ruf wichtig ist. Auch das ist Teil des Sogs, in den man gerät, weil sich das Ganze erst finanziell lohnt, wenn man eine gewisse Zeit gearbeitet hat ... und dass es sich lohnt, möchte man um so mehr, je mehr Termine man hat, weil parallel dazu das psychische Leiden beginnt, der Ekel vor den Männern, der mentale Stress, Albträume. Man möchte Belohnung für diese ständige Überwindung und die Belohnung ist das Geld. Welche Männer gehen zur Domina? Das Klischee sagt, dass erfolgreiche Chefs die Kontrolle abgeben wollen, weil sie im Job so viel Verantwortung tragen. Darin steckt ein Funke Wahrheit, aber diese Gruppe bildete bei mir kaum ein Viertel der Kunden. Anfragen zogen sich durch alle Altersgruppen und alle Schichten. Der Student, der kein Geld hatte und um eine Gratis-Session bettelte bis zum Millionär, für den der regelmäßige Termin fest dazu gehörte. Politiker, Manager, Familienväter, frisch Verheiratete, Dauersingles, die mit 50 Jahren noch nie eine Beziehung hatten. Jedes Alter von 18 bis 80 Jahre. Wobei die meisten um die 40 bis 60 Jahre alt waren und somit in einem Alter, in dem viele Männer beruflich gut dastehen und sich ständige Dominabesuche überhaupt leisten können. Genauso hatte ich auch Kunden, die sich die Termine zusammensparten.

Die Zuverlässigsten waren die Dauersingles, aber diese waren auch die gefährlichsten, denn ihr gesamtes Leben drehte sich nur um ihre Herrin. Unter diesen sind die meisten beruflich sehr erfolgreich und haben kein Privatleben. Sie leben von Session zu Session und brauchen auch dazwischen Beschäftigung in Form von Aufgaben, die sie in der Zwischenzeit erfüllen sollen.

Ein halbes Jahr vor Ende meiner Dominazeit wurde ich in einer Location von einem Kunden angegriffen. Der Mann war das erste Mal bei mir, entsprechend konnte ich ihn noch nicht gut einschätzen. Er täuschte im Stehen gefesselt einen Kreislaufzusammenbruch vor, was mich veranlasste, die Fesseln zu lockern, damit er sich hinlegen konnte ...

Das war der leider notwendige Tropfen, der das Fass zum überlaufen brachte, und den Gedanken aufzuhören ernst werden ließ. Man sollte aber nicht glauben, dass nur neue, fremde Gäste gefährlich wären. Bei Stammkunden neigt man dazu, unvorsichtig zu werden, weil man glaubt sie zu kennen. Nach dem, was ich damals mitbekommen habe, werden Dominas am häufigsten von Stammkunden angegriffen und vergewaltigt, seltener von neuen Kunden.

Mit Frauen habe ich aus Prinzip nicht gearbeitet, aber es gab auch so gut wie keine Anfragen. In meinen zwei aktiven Jahren habe ich vielleicht insgesamt drei Anfragen von Frauen erhalten (zum Vergleich: Anfragen von Männern flatterten pro Tag durchschnittlich drei bis vier neue rein). Bis auf eine einzige, an die ich mich gut erinnere, haben die Frauen für sich und ihren Partner angefragt. Sie wollten ihr privates BDSM-Abenteuer durch den Besuch bei einer Domina erweitern. Die einzige

Anfrage, die ich je von einer Frau allein erhielt, war traurig. Auch sie war in einer Beziehung zu einem Mann. Sie sagte, sie sei bisexuell und wollte mich allein besuchen, denn sie könne sich bei ihrem Partner nicht fallen lassen, ihr würde das nur bei Frauen gelingen und so weiter. Sie tat mir leid und ich war in Versuchung meinem Vorsatz, nicht mit Frauen zu arbeiten, zu brechen, entschied mich aber dagegen und schickte ihr stattdessen eine freundliche Absage-Mail. Ich wusste damals bereits genug über die Ursachen, die den Bedürfnissen im BDSM zu Grunde liegen.

Als Domina habe ich diese Szene von innen gesehen, habe die unterschiedlichsten Menschen, Männer wie Frauen, kennengelernt, die sich als dominant oder devot, als masochistisch oder sadistisch bezeichneten, und logischerweise habe ich mich auch selbst zu Werbezwecken so bezeichnet. Mit dem heutigen Wissen sage ich, dass die meisten in dieser Szene entweder traumatisiert sind oder extremes Täterpotenzial haben und dieses unter dem Deckmantel des BDSM ausleben. Auch von Männern, die zur Domina gehen, sich also devot nennen, geht Täterpotenzial aus, diese sind sich jedoch darüber bewusst, dass sie nicht innerhalb des »Spiels« zum Täter werden können, darum ist die Hemmschwelle größer. Die Domina muss wie jede andere Frau zuerst überwältigt werden, während Frauen, die sich im »Spiel« freiwillig dem Mann unterwerfen, von vornherein ausgeliefert sind. Männer, die durch Erniedrigung und Schmerz sexuell stimuliert werden, haben häufig in der Kindheit Gewalt erlebt. Als Erwachsene ist die unbewusste Sexualisierung dieser Gewalt ein Weg, mit dem Kindheitstrauma umzugehen, kann aber auch einen Rachegedanken beinhalten. Frauen, die devot oder masochistisch sind, haben oft schon in jungen Jahren Männergewalt erlebt und entweder ein negatives Verhältnis zum eigenen Körper und eigenem Sein (»ich bin hässlich, ich verdiene Bestrafung, wenn ich das tue, wird er mich respektieren, er wird stolz auf mich sein«) oder sogar ein dissoziatives Körpergefühl, ausgelöst durch vorherigen Missbrauch.

BDSM ist nicht normal und gesund. Es ist keine Form gesunder Sexualität, egal in welcher Konstellation. BDSM-Unfälle von Laien, sind sehr häufig, aber es wird so gut wie nie darüber berichtet, schon gar nicht in seriösen Nachrichten. Beim Thema BDSM kommt die Doppelmoral der Gesellschaft zum Ausdruck. Einerseits wird es als normal und als Lebensweise betrachtet, die es zu respektieren gilt, gleichzeitig bleibt es ein Tabuthema, welches man nur oberflächlich betrachten möchte und dessen Gefahren ignoriert werden. Gleiches Prinzip wie beim Thema Prostitution. Beides wird als persönliche Entscheidung oder Lifestyle verharmlost, was seit Jahren dazu führt, dass immer mehr Menschen in diese Szene hinein geraten und ich kenne niemanden, der sie wieder verlassen hat, ohne entweder körperlich oder psychisch Schaden genommen zu haben, wenn Letzteres nicht schon vorher vorhanden war.

Frauen mit Gewalterfahrung und Traumata haben ein deutlich höheres Risiko in gewalttätigen Beziehungen oder in der Prostitution zu landen und ihre Traumata unbewusst zu festigen und zu wiederholen. Seitdem BDSM von progressiven Strömungen als Lifestyle gesellschaftsfähig gemacht wurde und verharmlosend als »Kink« und »kinky« bezeichnet wird, ist dieses Risiko noch weiter gestiegen. Auch hierfür wird der Feminismusbegriff missbraucht. Die »freiwillige« Gewalt beim Sex wurde zur Normalität, nicht zuletzt aufgrund von Pornografie, die für alle jederzeit frei zugänglich ist. Frauen mit Missbrauchserfahrung wird sogar eingeredet, das Wiederholen ihres Traumas wäre eine Art Therapie und würde bei der Verarbeitung helfen. Diese Behauptung entbehrt jeder Grundlage und jedes gesunden Menschenverstandes. Gewalttätigen Männern, die gewaltvollen Sex suchen, kommen diese Frauen als Partnerinnen gelegen. Das Internet ist voller Fotos von gefesselten Frauen, weinend, tränenüberströmt, denen Schimpfworte (Miststück, Hure, Schlampe, ...) ins Gesicht geschmiert wurden. Alles »freiwillig«, alles im gegenseitigen Einverständnis, alles im Rahmen des so genannten Spiels.

Für Frauen ist das eine Form der Selbstverletzung. Es ist selbstschädigendes Verhalten. Unsere Gesellschaft, die alles tolerieren möchte, ignoriert das.

Wer es hinterfragt und anprangert, wird »kink-feindlich« genannt, diskriminiert also Menschen, die BDSM praktizieren, wodurch der unsinnige Begriff »kinkshaming« entstanden ist. Die in vielen Bereichen übliche Täter-Opfer-Umkehr. Die Täter werden in Schutz genommen, während Kritiker und ehemalige Betroffene sowie Aussteigerinnen als das Problem dargestellt werden. Ich selbst bin auch »selber schuld« daran, dass ich überwältigt wurde, weil ich meinen Kunden »nicht im Griff« hatte. Ein perfektes System der Manipulation. Als ich Domina war und gleichzeitig auch privat BDSM gelebt habe, war ich eine vehemente Verteidigerin der Szene. Ich habe online mit Menschen diskutiert, die BDSM kritisiert haben, habe argumentiert, wie verantwortungsvoll die meisten es praktizieren, wie sicher und toll das alles ist, wie wunderbar die Menschen sind, die man kennenlernt, wie respektvoll es zugeht. Es waren alles Lügen. Es war Selbstbetrug und das Ignorieren der Realität. Wie viele andere, vor allem Frauen, habe ich mir diese Dinge eingeredet, auf der Suche nach Bestätigung und um das was ich erlebte auszuhalten und zu rechtfertigen. Diesen Weg zu gehen, bei dem die eigene Würde und Selbstliebe immer mehr verschwindet, ist leichter, als sich einzugestehen, dass man sich geirrt hat, dass man im Begriff ist, sich selbst zu zerstören oder zerstört zu werden. Sich einzugestehen, dass man längst die Kontrolle verloren hat. Als Domina besonders, denn dieser Job beinhaltet das Schauspiel der vollen Kontrolle. Wenn Freunde, Familie oder Bekannte bescheid wissen (was keinesfalls selbstverständlich ist) wahrt man diesen Schein stetig nach außen. Domina zu sein verschmilzt mit dem Privatleben, nicht nur durch die ständigen Gedanken an die Sessions, die Planungen und die Büroarbeit (Termine vereinbaren, mit Interessenten telefonieren, Werbeanzeigen verfassen die möglichst immer neu, kreativ und immer wieder anders sein müssen, um neue Kunden anzulocken) auch der eigene Ekel lässt sich nicht auf Dauer ignorieren und schön reden.

Als ich begann öffentlich über diese Zeit zu sprechen, dauerte es nicht lange, bis sich aktive Dominas, die sich genauso verhielten wie ich damals, angegriffen fühlten und sich die Nachrichten mit Vorwürfen und Beleidigungen häuften. Ich hatte damit

gerechnet, denn dieses Verhalten ist Teil der Schein-
welt und notwendig, um das eigene Tun zu rechtfertigen, solange man die (Selbst)Zerstörung noch
nicht erkennt. Leute, die nicht länger schweigen
und die Wahrheit für die Normalbevölkerung ans
Licht bringen, werden zu Feinden, die mundtot gemacht werden müssen.

Ich kenne das alles, weil ich genauso gedacht habe,
und ich kenne auch das Totschlagargument »Dann
warst du für den Job eben nicht geeignet!« mit welchem wie üblich Frauen die Schuld zugeschoben
wird. Nicht der Szene, nicht krankhaften Fetischen,
nicht echten Sadisten und Psychopathen, nicht dem
Patriarchat, in dem wir leben, sondern den Frauen,
die nach Ansicht der BDSM- und Prostitutions-
befürworter einfach zu schwach, zu unfähig, zu un-
geeignet sind, um »die Jobs« durchzuhalten. Es ist
das alte Spiel der Schuldumkehr, des Verleugnens
und seitens der noch aktiven Frauen die insgeheime
Rechtfertigung vor sich selbst. Es ist leichter, andere
zu verurteilen, als sich selbst zu hinterfragen, denn
Letzteres schmerzt und setzt einen Prozess in Gang,
dem man sich nicht mehr entziehen kann. Wer ein-

mal realisiert hat, wie dieses System funktioniert, wird den Gedanken »Ich möchte hier raus« nicht mehr los. Der Ausstieg ist eine Herausforderung und erfordert viel Kraft, denn Unterstützung gibt es so gut wie gar nicht. Regionale Beratungsstellen sind meistens kaum ausreichend informiert. Seit durch die rot-grüne Regierung Prostitution als Beruf wie jeder andere vermarktet wird, seit dem so genannten Prostituiertenschutzgesetz (welches einzig und allein Zuhälter und Bordellbetreiber schützt) der Frauenhandel in Deutschland blüht, wie nie zuvor und deutsche Städte zu europäischen Umschlagplätzen des Frauenhandels geworden sind, haben sich viele Beratungsstellen dem Trend angepasst.

In meinem regelmäßigen Kontakt zu Prostituierten, aktiven wie ehemaligen, traue ich oft meinen Ohren kaum, wenn mir die Ratschläge einiger Beratungsstellen mitgeteilt werden. Der Fokus liegt häufig nicht auf dem Ausstieg, den die Betroffenen möchten und planen, sondern auf der Frage »Was können Sie tun, um Ihren Beruf erträglicher und besser zu gestalten?« Auch von Psychologinnen bekommen die Frauen ähnliche Dinge zu hören. Ihnen wird von der Gesellschaft, der Politik und von Fachleuten eingeredet, es handelt sich um einen Beruf, tagtäglich gegen Geld benutzt zu werden, missbraucht und vergewaltigt zu werden und wenn sie damit nicht zurechtkommen, seien sie das Problem. Diese Manipulation wird sogar noch versucht, wenn die Frauen es längst besser wissen und aussteigen wollen oder bereits ausgestiegen sind. Eigene Erlebnisse und Erfahrungen werden als Einzelfälle abgetan oder die Schuld den Frauen zugeschoben.

Das Wort Fetisch wird oft mit Vorliebe gleichgesetzt, ist aber etwas anderes. Ein Fetisch ist etwas Nichtsexuelles, was jemanden erregt. Das kann alles sein, normale Gegenstände und Handlungen, aber auch vieles, was in Menschen im Regelfall Abwehr oder Ekel auslöst.

Viele Männer erregen bestimmte Materialien (Gummi, Nylon, Latex, Holz, Leder). Die meisten haben einen Fußfetisch. Ich hatte selten Kundenanfragen, die das Thema Füße nicht beinhalteten. Einige wünschen sich, dass sich die Domina vor der

Session am besten tagelang die Füße nicht wäscht. Das sind die gleichen, die getragene Unterwäsche im Internet bestellen.

Andere wollen Schweißgeruch oder den Urin (»Natursekt«) und Kot (»Kaviar«) von Frauen trinken/essen. Tampons auslutschen. Mit roter Farbe blutige Morde an sich selbst nachstellen. Sie wollen mit Erbrochenem besudelt werden (»Römische Dusche«) oder es essen. Ich war nicht bereit, diese Dinge anzubieten, aber bei manchen Dominas gehört es zum Repertoire, denn die Nachfrage ist definitiv vorhanden. Hinzu kommen diejenigen, die wirklichen Schmerz wollen. Die Peitsche, den Rohrstock, das Abbinden ihrer Hoden, Reizstrom.

Wenn sie wissen, dass sie die Illegalität betreten (Kindesmissbrauch) formulieren sie die Anfragen vorsichtig. Ich war damals Mitte zwanzig, also sehr jung (für eine Domina unterdurchschnittlich jung) aber einige fanden mich »viel zu alt« und fragten, ob ich jüngere Kolleginnen hätte. Was sie wollten, konnte man sich denken.

Männer, die sich als Babys verkleiden wollen (mit Windel) sind auch häufig. Oder als Hund, Schwein oder Pferd am Boden herumkriechen möchten. Das alles erregt sie sexuell. Es liegt auf der Hand, dass solche Wünsche auf psychischen Störungen beruhen. Wie kann es dann sein, dass sie so gewöhnlich im BDSM sind? Weil BDSM auf den Störungen, Traumata oder Charakterproblemen von Menschen gründet. Viele meiner Kunden hatten einen Fetisch dafür, Dessous zu tragen, geschminkt zu werden, eine Frau zu sein während der Session. Hier sehen wir die Verbindung von Fetisch und Trans-Kult.

Eine Frau hingegen, die nur Gewalt kennt, wird sich in den Händen eines brutalen Sadisten sicher fühlen. Er gibt ihr das, was sie kennt. Im Bekannten findet sie Sicherheit.

Die Sorte Mann, deren Fetisch es ist, in Frauenkleidern erniedrigt zu werden, ist mir ständig begegnet. Als Domina sitzt du also in deinem klassischen, strengen Outfit mit Bleistiftrock, hochgeschlossener Bluse und straffem Haarknoten vor einem Mann, der in High Heels Größe 45 und Dessous in Neonpink, auf dem Boden herum kriecht und der laut Vertrag erniedrigt und beschimpft werden möchte, weil ihn das anmacht. Im Raum -abgedunkelt und schallgeschützt- stinkt es bereits nach wenigen Minuten nach Testosteron und Schweiß.

Frauen geraten aus drei Gründen in die BDSM-Szene:

1. sie brauchen Geld und werden Domina. Viele Dominas haben eine gewaltvolle Vergangenheit hinter sich und verfallen der Illusion als Domina Macht zu besitzen, sich endlich wehren zu können und dafür sogar Geld zu bekommen. Für die, die unberührbar arbeiten, ist es eine Alternative zur Prostitution. Ich selbst habe, bevor ich Domina wurde, darüber nachgedacht mich gelegentlich zu prostituieren. Als ich dann die Chance bekam als unberührbare Domina zu arbeiten, erschien mir das als Luxus und ich habe nicht gezögert, diese vermeintliche Chance zu ergreifen, nicht ahnend in was für eine Welt ich mich damit begab.

2. sie rutschen in privaten Beziehungen durch einen Partner in die Szene, der es bereits praktiziert

und passen sich seinen Wünschen an (entweder als Sklavin oder als Herrin)

3. sie geraten an einen sadistischen Psychopathen und fühlen sich bei ihm sicher, weil sie nichts anderes als Missbrauch kennen und somit das mitmachen, was der Psychopath verlangt (die meisten bezahlen das mit schwerwiegenden Traumata bis hin zum Tod)

Männer finden im BDSM das, was sie in einer normalen, gesunden Partnerschaft nicht ausleben können:

1. Die Bestätigung eigener Kindheitstraumata, geschlagen werden, eingesperrt werden und sich dafür rächen dürfen (Dominas, die sich zugleich prostituieren, nehmen für den Mann die Position der Personen ein, die ihm als Kind Gewalt angetan haben und an denen er sich als Erwachsener durch Vergewaltigung, stellvertretend an der Domina, rächt) oder sie sexualisieren das Trauma lediglich, um es so in einen positiven Kontext zu rücken.

2. Das Ausleben ihrer Aggressionen, Machtgelüste, ihres Sadismus und Narzissmus als »Herr« der

angebetet wird und absolute Kontrolle über sein Opfer hat und dies damit rechtfertigen kann, es sei alles nur ein Spiel.

Als Domina allein zu arbeiten ist riskant. Der Mann hat in einer BDSM-Location nicht nur seinen Körper als Waffe, sondern auch ein riesiges Repertoire an echten Waffen. Ein Termin dauerte bei mir zwischen 2 und 4 Stunden am Stück. Nicht mitgerechnet die Vorbereitung (Outfit, Make-up, Frisur) die noch eine Stunde dauerte.

Domina zu sein ist eine Grauzone. Ich wurde in den sozialen Medien mal darauf angesprochen, warum ich meine ehemaligen Kunden als »Kunden« bezeichne. Die ehrliche Antwort lautet: weil mir kein besserer Begriff einfällt. Ich könnte sie als Freier bezeichnen, wie es (Ex-)Prostituierte tun, aber ich war nunmal keine »echte« Prostituierte. Jedenfalls gab es keinen Geschlechtsverkehr, entsprechend weiß ich nicht, ob ich diesen Begriff für mich nutzen sollte, kann oder darf. Ich hätte damit das Gefühl, dass ich das, was Prostituierte über sich ergehen lassen müssen, verharmlose. Darum sage ich immer, dass ich Domina war und »Kunden« hatte. Zur aktiven Zeit habe ich diese Männer »Gäste« genannt.

Sprache ist wichtig, darum versuche ich immer passende Begriffe zu verwenden, sofern es sie gibt, aber in manchen Bereichen scheint nichts zu passen.

Tierbordelle und Zoophilie

Woran die Gesellschaft nicht denkt, wenn es um Prostitution geht, sind Tiere.

Tiere, die von Menschen in die Prostitution verkauft werden. In Mitteleuropa ist diese Praxis weitgehend unbekannt, außer unter den Tätern und den Menschen, die in Tierrechtsorganisationen dagegen kämpfen. In anderen Ländern ist die Prostitution von Tieren nicht nur erlaubt, sondern genauso üblich wie die von Frauen. In osteuropäischen und asiatischen Ländern blüht der Tierbordelltourismus seit Jahrzehnten. Tierbordelle findet man einerseits in ländlichen Gegenden, wo die Vergewaltigung von Pferden, Kühen, Schweinen, Schafen, Ziegen, Hunden und sogar kleinen Tieren wie Katzen angeboten wird, als auch in Großstädten. Serbien ist hierfür ein trauriges Beispiel, wie serbische Tierschützer berichten. Die meisten zoophilen Touristen kommen aus Deutschland, Österreich und den skandinavischen Ländern. Bei den Bordellen handelt es sich sowohl um Privatwohnungen, Bauernhäuser wie auch um Clubs und Kneipen. Die

Angebote finden die Interessenten im Internet. Sie buchen ihre Reisen wie andere Menschen ihren Urlaub.

In asiatischen Ländern wie Thailand sind Affen-frauen sehr beliebt. Tierrechtsorganisationen und Journalisten berichten von Orang-Utan-Weibchen die festgekettet, oft rasiert und wie »echte Frauen« geschminkt den Vergewaltigungstouristen zur Ver-fügung stehen müssen. Ein Tier, das in der Natur in hohen Bäumen in Familienverbänden lebt, wird im Zuge menschlicher Perversion verunstaltet, mit nicht artgerechtem Essen (häufig Süßigkeiten) krank gefüttert, an ein Bett gekettet, oft in dunklen Zimmern. Dem kahl rasierten Körper werden Des-sous angezogen. Die gequälten Gesichter mit knal-ligem Lippenstift verunstaltet. Wenn die Weibchen verbraucht sind, zu krank (viele werden von den Männern mit Syphilis, anderen Geschlechtskrank-heiten und HIV angesteckt) werden sie getötet. Tierrechtsorganisationen wie PETA haben bereits mehrfach über diese Tierquälerei berichtet. In den Medien hört man darüber so gut wie nie etwas. Ob-

wohl schon seit den 90ern bekannt, gibt es abgesehen von einigen kurzen Dokus und Enthüllungs-
berichten nur wenig Material.

Die Tiere leiden weiter, während die Welt lieber
weg schaut. Zu grausam die Berichte. Die meisten
wollen ihre Komfortzone nicht verlassen, das gilt
vor allem für die Menschen, die die Macht hätten,
etwas zu unternehmen. Politiker. Millionäre. Welt-
stars mit riesiger Reichweite in den sozialen
Medien.

Im Zeitalter des Internets und aufklärender Tierrechtsorganisationen ist »Wir wussten es nicht«
eine schlechte Begründung. »Wir wollen es nicht
wissen« wäre treffender.

Im Zuge des heutigen Trends jede noch so krank-
hafte Abnormität tolerieren zu wollen, fordern
selbst in Deutschland einige Politiker und Privat-
menschen die Anerkennung von Zoophilie als
sexuelle Orientierung. Vollkommen ignorant gegenüber der Tatsache, dass kein Tier jemals sein Einverständnis zum Sex geben kann, es sich also immer
um Vergewaltigung handelt. Die Zoophilen

argumentieren damit, sie würden spüren, ob das Tier es will, ignorieren dabei aber, dass ein »spüren« eine subjektive Empfindung ist. Ein Gefühl, eine Ahnung und Vermutung, die ein Einverständnis nicht ersetzen kann. Es ist das gleiche »Du wolltest es doch auch« das vergewaltigte Frauen zu hören bekommen, wenn sie sich nicht ausreichend gewehrt haben. Genau wie bei Pädophilie handelt es sich bei Zoophilie um eine massive psychische Störung, die mindestens in dauerhafte Therapie gehört und je nach Ausprägung eine Gefahr für die Gesellschaft darstellt und somit strafbar sein muss. Diese Philien sind nicht in einen Topf mit normaler, gesunder sexueller Aktivität von Hetero- und Homosexuellen zu werfen, denn damit haben sie nichts zu tun.

4. Pornografie

Frauen

Seit einigen Jahren gibt es die Bezeichnung »feministischer Porno«. Sie ist ein weiteres Beispiel für die Absurdität dessen, was sich »Liberalfeminismus« oder »Queerfeminismus« nennt. Die Objektifizierung von Frauen(körpern) ist niemals feministisch. Die so genannten feministischen Pornos zeichnen sich dadurch aus, dass sie weniger gewaltvoll sind als andere Pornos, häufig von Frauen produziert werden und somit lediglich die Sexualität zur Wichsvorlage degradieren und seltener Vergewaltigungen vorkommen.

Pornos, die sich feministisch nennen, haben gern eine Verbindung zur Queer-/Transideologie und zeigen Transsexuelle, Lesben und Schwule, die allerdings selten als solche benannt werden, denn man ist lieber »queer« was alles und nichts bedeutet. Das führt dazu, dass auch in diesen Produktionen lesbische Frauen zu Sex mit Männern gedrängt werden, die sich als Frau definieren, was Vergewaltigung bedeutet. Feministische Pornos existieren nicht, weil Pornografie nie feministisch sein kann. Der Pornobegriff bedeutet »Darstellung von Huren«. Im Patriarchat sind Huren Objekte zur sexuellen Benutzung. Pornografie ist die Darstellung sexueller Gewalt und die Objektifizierung von Frauen. Wie in der Prostitution gibt es auch in der Pornografie Frauen, die als Zuhälterinnen tätig werden oder als Darstellerinnen behaupten, es freiwillig zu tun. Zahlreiche Parallelen der beiden Missbrauchsindustrien zeigen, dass Pornografie letztendlich nur gefilmte Prostitution ist. Frauen, die dies selbst verharmlosen und nicht wahrhaben möchten, sind in dem Gefühl der eigenen Wertlosigkeit gefangen, entweder durch erfolgreiche Manipulation oder durch bereits vorherige Missbrauchserfahrungen, die zur Selbstzerstörung geführt haben und zu dem Glauben, sie seien nichts wert. Insbesondere erfolgreiche Pornostars, die mitunter sehr viel Geld verdienen oder sogar reich werden, sind tief in dem Sog der eigenen Wertlosigkeit gefangen und messen ihren Wert an dem Geld, was ihnen das Patriarchat in Form der Pornoindustrie gibt. Der Ausstieg ist um so schwerer, weil durch die Beendigung des Geldflusses kein Grund mehr weiter besteht, den eigenen Wert zu erkennen und nicht selten vorhandene Süchte (Drogen, Alkohol, Kaufsucht, Spielsucht) genau wie in der Prostitution nicht mehr finanziert werden können. In diesen Fällen bedeutet Ausstieg zugleich auch Entzug.

*

Für Männer ist nur Penetration Sexualität. Das Eindringen des Penis in Vagina, Mund, Anus und damit die Demonstration von Macht. Eindringen ist Eroberung. Dieser Aspekt wurde bereits vor Jahrzehnten von Andrea Dworkin detailliert untersucht. Es ist Machtdemonstration, die im Privatleben sichtbar wird, aber nur in der Pornografie und der Prostitution ungehindert und für den Mann gefahrlos ausgelebt werden kann. Das ist einer der Gründe, weshalb Pornografie vorwiegend von Männern für Männer produziert wird. Lesbische Sexualität, in der Penisse nicht vorkommen und nicht erwünscht sind, wird in Pornos verzerrt und verfälscht dargestellt, weil sie das einzige Gebiet ist, in das Männer niemals eindringen (!) können. Im Patriarchat ist es für den Mann unmöglich, das zu akzeptieren. Einen Bereich zu respektieren, in dem er nicht relevant ist, nicht vorkommt, nicht existiert. Lesbische Frauen werden darum entweder sexualisiert, wie in der Pornografie, oder ihnen wird ihr Frausein abgesprochen, wenn sie nicht den typischen Geschlechterklischees entsprechen, sondern optisch ein androgynes oder maskulines Auftreten haben, sich weigern genderkonform zu sein. Sie werden als Mannweiber oder »halbe Männer« beleidigt, weil das Patriarchat Frausein an Bedingungen knüpft, die von Männern festgelegt werden. Nicht die Biologie entscheidet, wer sich Frau nennen darf, sondern das Aussehen und aus Männersicht die »Fickbarkeit«.

Lesbischer Sex besteht in der Pornografie häufig aus Penetration mittels eines umgeschnallten Dildos. Eine der Frauen nimmt somit die sexuelle Rolle des eindringenden Mannes ein, was der Zielgruppe Mann gefällt. Das Einzige, was ihm noch mehr gefällt, ist die Behauptung, es handle sich um Lesben, wenn die Darstellerinnen erst miteinander

179

Sex haben und ein Mann hinzukommt. Diese Darstellung angeblicher lesbischer Sexualität, die letztlich doch den Mann willkommen heißt, festigt die Annahme der Zuschauer, Lesben würden insgeheim einen Mann wollen, seien nur noch nicht dem Richtigen begegnet und könnten allein gar keinen richtigen Sex haben, weil richtiger Sex nur Penetration ist. Alles andere ist für den Mann Vorspiel, Nachspiel, mittel zum Zweck, aber kein Sex.

Daraus folgt zwangsläufig die Ansicht, lesbische Frauen seien fehlgeleitet, müssten umerzogen, gerettet werden, um ihrer Funktion als »fickbare« Frau gerecht zu werden. Sämtliche Konversionstherapien homosexueller Frauen wie auch Männer zielen darauf ab, die Personen auf den vom Patriarchat vorgegebenen Weg zu leiten. Schwule Männer gelten im Patriarchat als schwach und nicht in der Lage Frauen zu unterwerfen; lesbische Frauen als Gefahr, weil sie sich Männern verweigern und Männer ausgrenzen.

In der Pornografie wird die patriarchale Ordnung wieder hergestellt. Der Mann penetriert, die Frau wird penetriert. Der Porno endet mit der Erleich-

terung des Mannes auf die Frau, in Form der Ejakulation, bevorzugt als besondere Demütigung direkt
ins Gesicht.

Weibliche Lust spielt keine Rolle. Sie ist für den
Mann zu kompliziert und häufig irrelevant. Zahlreiche Männer wissen nicht, dass die Klitoris das
Lustzentrum der Frau ist, geschweige denn wie
groß sie ist, dass der sichtbare Teil nur ihre winzige
Spitze ist und wo genau sie sich überhaupt befindet,
wie sie aussieht und sich bei Erregung verändert.
Weibliche Pornodarstellerinnen werden dazu aufgefordert, Orgasmen vorzuspielen, die meist nicht
ansatzweise Ähnlichkeit mit realen weiblichen
Orgasmen haben, aber vom männlichen Zuschauer
so gewünscht sind, denn nicht selten weiß dieser
gar nicht, wie sich ein echter weiblicher Orgasmus
anhört, anfühlt und wie die Frau dabei aussieht.
Frauen in unglücklichen Beziehungen haben es dadurch leicht, dem Partner, dessen sexuelles Ge-
dächtnis von Pornografie zerstört ist, Orgasmen
vorzutäuschen, und machen davon auch rege Ge-
brauch. Nicht zuletzt aus Selbstschutz, damit es
vorbei ist, der Partner zufrieden (in seinem Können

bestätigt) ist und sie in Ruhe lässt. Häufiger Porno-konsum führt zur Sucht und zur sexuellen Ab-stumpfung. Süchtige brauchen ihre Droge in immer höherer Dosis. Was anfangs genügt hat, reicht schon nach Wochen und Monaten, geschweige denn Jahren, längst nicht mehr. Weil die Porno-industrie ihre Kunden im wahrsten Sinne des Wortes befriedigen will, wurde Pornografie immer gewaltvoller, immer brutaler. Mit der Ausbreitung des Internets begann ihr Siegeszug endgültig. Pornografie für jeden, jederzeit, kostenlos mit nur einem Mausklick. Die Frauen, die in der Porno-industrie ausgebeutet und missbraucht werden, mussten immer mehr über sich ergehen lassen, immer perversere Phantasien zur bildlichen Realität werden lassen. Das ist der Status quo.

Pornografische Begriffe finden sich heute im all-täglichen Sprachgebrauch, vor allem unter jungen Menschen, wieder. Die Abkürzung MILF ist hier-für ein Beispiel. Sie bedeutet Mother I Like To Fuck (Mutter, die ich gern ficken würde) und wird für Pornos als Kategorie verwendet, in denen Frauen mittleren Alters mitspielen. Ein weiterer Begriff ist

Vorderloch (engl.: Fronthole) für die Vagina. Dieses Wort findet man auch im BDSM und inzwischen im Transaktivismus, welcher dafür sorgt, dass es gesellschaftlich etabliert wird, von Medien und sogar offiziellen Stellen aufgegriffen wird. Die Hemmschwelle derart frauenverachtende Worte zu nutzen, sinkt. Ein weiterer Begriff ist Bonusloch oder Bonus-Hole-Boy (Bonusloch-Junge), womit Frauen, die sich als »Transmänner« identifizieren, also lieber Männer sein möchten, in der so genannten queeren Pornografie bezeichnet werden.

In den 70er Jahren verklagten Feministinnen das Magazin »Stern« wegen seines Sexismus, ohne juristischen Erfolg. Kurz darauf, in den 80ern, legte die Zeitschrift »Emma« einen Gesetzesvorschlag zur Pornografie vor, in welchem diese als Verletzung der Menschenwürde festgelegt wurde. Die PorNo-Kampage ist bis heute aktuell. Die Politik interessierte das Bestreben von Feministinnen nicht, ganz im Gegenteil. Es sind jetzt mehr als 40 Jahre seitdem vergangen, eine ganze Frauengeneration, der ich selbst angehöre, ist seitdem geboren und erwachsen geworden, und Pornografie ist in Deutschland verbreiteter denn je. Die Produktion und der Konsum sind durch das Internet leichter zugänglich als jemals zuvor. Es hat keine Verbesserung, sondern sogar eine massive Verschlechterung stattgefunden.

Pornografie muss als Menschenrechtsverletzung erkannt werden. Der Zugang per Mausklick muss beendet werden, die Produktion unter Strafe gestellt und Pornoplattformen im Internet müssen gesperrt werden. Allein diese einfachen Mittel, die per Gesetz umsetzbar wären, würden helfen, Pornografie und damit die Degradierung von Frauen zu Sexobjekten einzudämmen, die verantwortlichen Zuhälter und Produzenten zu bestrafen und insbesondere Mädchen und Frauen beim Ausstieg zu helfen. Doch es ist politisch und gesellschaftlich nicht gewünscht, weil die politischen Entscheidungen zum Teil von den Tätern selbst getroffen werden und die Gesellschaft die Ausbeutung von Frauen als normal betrachtet.

Kinderpornografie und Pädophilie

Kinderpornografie findet sich keineswegs nur im Darknet. Sie findet sich auf jeder bekannten Pornoplattform, meist unter der Kategorie »Teen« verborgen. Die dort zu sehenden Mädchen sind keineswegs volljährig, auch wenn der Zusatz »18 plus« dies meist suggerieren soll. Es sind Mädchen, die sich mitten in der Pubertät befinden. Diese Kategorie gehört auf Pornoplattformen zu den Beliebtesten, was keine Fragen mehr offenlässt. Hinzu kommt das Darknet und spezielle Foren in denen offen pornografische Inhalte mit kleinen Kindern, sogar Säuglingen, geteilt werden.

Pädophilie ist keine Randerscheinung, die nur eine Handvoll Männer betrifft. Sie ist sehr viel verbreiteter, als die Gesellschaft wahrhaben will, was die unglaublichen Massen an kinderpornografischen Inhalten belegen, die bei Razzien gefunden werden und der die Justiz scheinbar hilflos gegenüber steht. In einem Land wie Deutschland, wo Pornografie erlaubt ist, ist es schwer, jeden Kinderporno aus dem Internet zu entfernen. Es bedeutet

einen riesigen Aufwand, weil nicht zuletzt die zahl-
losen Pornoplattformen nicht nur einmal, sondern
stetig durchforstet werden müssen, weil täglich
weltweit wieder Millionen Videos und Fotos hochgeladen werden, die sofort verfügbar sind und
konsumiert werden. Ein Kampf gegen Wind-
mühlenflügel.

In der Kinderpornografie kommt das Bedürfnis
nach Macht und die Befriedigung von Gewaltphantasien noch deutlicher zum Ausdruck als in der
Gewalt gegen Frauen, denn Kinder sind vollständig
wehrlos und sehr leicht zu beeinflussen. Kinder
suchen von Natur aus Schutz, Trost und Bestätigung. Sie bauen zu ihren Bezugspersonen, selbst
wenn diese nicht mit ihnen verwandt sind, engste
Bindungen in relativ kurzer Zeit auf. Für Pädophile
ist es darum leicht, Kinder zu missbrauchen, wenn
sie sich als scheinbar fürsorgliche Bezugsperson
etablieren. Kindesmissbrauch geht selten von Fremden aus, sondern fast immer von Personen aus dem
Umfeld der Kinder. Verwandte, Freunde der Familie, Nachbarn, Verwandte von Schulfreunden, Er-

zieher, Sporttrainer, ... Kinderpornografie entsteht, indem dieser Missbrauch gefilmt und fotografiert wird. Jedoch auch, indem ganz normale Fotos von Kindern im Internet gestohlen werden oder in der Öffentlichkeit von Fremden angefertigt werden, beispielsweise in Schwimmbädern, wo die Kinder kaum bekleidet oder teilweise ganz nackt sind.

Auch hier gilt, dass Gesetze auf dem Papier wenig nützen, wenn ihre Einhaltung nicht kontrolliert werden kann. Ein generelles Verbot von Pornografie im Internet wäre ein Meilenstein für den Schutz von Frauen und Kindern. Es wäre ein herber Schlag gegen die Pornoindustrie und pädophile Täter. Doch wen wundert es, dass so ein Verbot nicht angestrebt wird, wenn wir sehen, dass es sogar Regierungsparteien gibt, in denen manche Mitglieder die Anerkennung von Pädophilie als sexuelle Orientierung fordern.

Die Pornografie ist genau wie die Prostitution eine Millionenindustrie, basierend auf kriminellen Strukturen. Die Abschaffung ist bisher politisch weder angestrebt noch gewollt, weil dutzende Politiker selbst davon profitieren. Als Pornokonsu-

menten, als Freier, als Dominagäste oder als Befürworter der Pädophilie oder Zoophilie.

Interview mit Jess

Ich bin mit Jess (Name geändert) im Jahr 2021 über meinen Instagram-Account in Kontakt gekommen. Zu diesem Zeitpunkt stand gerade ihr letzter Pornodreh bevor. Für sie sollte es der letzte sein, denn sie wollte aussteigen. Nach 204 (zweihundertundvier) Pornofilmen war Schluss. Am Abend dieses Tages schickte sie mir eine lange Sprachnachricht. Sie weinte und war überdreht und sie hatte Angst. Ich verstand ihre zerrissene Gefühlswelt nur zu gut. Wir blieben in Kontakt. Einige Wochen später fragte ich sie, ob sie mir ein Interview für mein nächstes Buch geben möchte. Sie sagte zu. Ich wollte ihr die Gelegenheit geben, ihre Erlebnisse möglichst frei zu erzählen.

Davon abgesehen bin ich keine Journalistin und habe dieses Interview so geführt, wie es sich für uns beide passend angefühlt hat. Als normales Gespräch. Inhaltlich habe ich bewusst nichts gekürzt und Jess hat dieses komplette Kapitel des Buches so abgesegnet, wie es hier gedruckt steht. Es ist ein kleiner Einblick in ihr Leben und in ihre Geschichte.

Sie zeigt mir Fotos aus ihrer aktiven Zeit. Die langen Haare blondiert, künstliche Wimpern, künstliche Fingernägel, viel Make-up. Diese Frau auf den Fotos hat nichts mit der Jess gemeinsam, die ich kennen-lerne. Sie hat ihre naturbraunen Haare nach dem letzten Dreh abrasiert auf 4 Millimeter, wie sie mir berichtet. Make-up trägt sie keins mehr. Auch die Nägel sind kurz geschnitten. Auf der blassen Haut sind Sommersprossen zu sehen, sie trägt einen Kapuzenpulli und weite Jeans. »Ich möchte die Blicke von Männern nicht mehr spüren«, erklärt sie mir. »Funktioniert es?«, frage ich. »Ein bisschen besser als früher«, sagt sie mit traurigem Lachen.

Wir gehen spazieren. Reden nur privat. Irgend-wann später beginnen wir das geplante Interview.

Selena: »Du bist gerade 28 geworden und hast über zehn Jahre lang Pornos gedreht, den Ersten noch minderjährig. Wie kam es damals dazu?«

Jess: »Es fing harmlos an, mit einem privaten Sex-tape, das mein damaliger Freund aufnehmen wollte. Ich hatte nichts dagegen, im Gegenteil, ich fand es aufregend. Sex hatten wir sowieso, warum also nicht mal die Kamera mitlaufen lassen, nur zum Spaß. Er war damals 21 also ein paar Jahre älter als ich.«

Selena: »Ein paar Jahre können viel sein, wenn man so jung ist.«

Jess: »Das war das Problem. Er war mein erster Freund, ich war ein Teenager, für ihn war ich aber schon die dritte oder vierte. Später erfuhr ich, dass er mir sowieso nicht treu war. Er war Bordellgänger und flirtete sich auch sonst durch die Gegend. Das wusste ich anfangs alles nicht. Ich war naiv und zum ersten Mal verliebt.«

Selena: »Wie ging es nach dem ersten Sextape weiter?«

Jess: »Er hat es ohne mein Wissen im Internet hochgeladen. Nach einigen Wochen hat er es mir erzählt, er war aber gut vorbereitet, denn als ich fassungslos reagiert habe und sagte, dass es doch nur für uns war, zeigte er mir, dass das Video erfolgreich war, wie er es nannte. Das bedeutete, es brachte Geld ein.

Ich verstand von all dem nichts, woher auch. Damals mit 17 verkaufte er mir das Ganze als Möglichkeit Geld zu verdienen. Ich sei jung und hübsch. Rückblickend habe ich nur kurz gezögert. Er malte mir in schönen Worten eine Traumwelt. Geld. Anerkennung. Fans. Das klang für mich wie das Paradies. Statt ihn zu verlassen, habe ich das Gegenteil gemacht. Ich lag in seinen Armen, habe mich einspinnen lassen und meine Forderung, dass ich aber nicht mit fremden Männern Sex haben würde, bejahte er, als wäre es dumm von mir, sowas überhaupt zu denken.«

Selena: »Und dann kam alles anders ...«

Jess: »Ja. Zuerst wollte er eine zweite Frau dazu holen und hat mir das alles mit Offenheit und Experimentieren, Erfahrungen sammeln, Spaß haben schön geredet. So ging es immer weiter. Die Kamera lief, ich wusste, dass die Filme im Internet landen, aber er gab mir Geld, machte mir Geschenke oder wir unternahmen schöne Dinge. Er zeigte mir, dass es sich lohnt und zu dieser Zeit habe ich das locker gesehen und hatte wirklich nur meinen Spaß.

So ging es über zwei Jahre, bis ich fast 20 war. Die Filme wurden in der Zeit immer länger und immer aufwändiger. Nach der Handykamera, mit der es anfing, stand plötzlich ein Kamerastativ im Raum. Wir buchten Hotelzimmer und Ferienhäuser, um es professioneller zu gestalten. Als er merkte, dass ich mich daran gewöhnt hatte, kam der Tag, an dem er andere Männer dazu holte. Da erst hat er mir gebeichtet, dass er gute Freunde im Business hatte. Damit meinte er Produzenten und Profi-Darsteller.«

Selena: »Hast du mitbekommen, wie es bei anderen anfing? Ist diese Boyfriend-Masche üblich?«

Jess: »Die jungen Mädels sind alle durch ihre Freunde ins Business gerutscht. Ein paar haben von selbst mit Webcam-Shows angefangen, um sich was dazu zu verdienen, aber wenn sie im Porno gelandet sind, dann weil sie früher oder später von einem Typ angequatscht oder überredet wurden.«

Selena: »Findest du, Pornografie ist mit Prostitution gleichzusetzen?«

Jess: »Pornos zu drehen ist nichts anderes. Du bekommst Geld dafür, dass du mit Leuten fickst. Der einzige Unterschied ist, dass es auf Film festgehalten wird und, dass die Pornobranche öfter als die Prostitution einen auf Glitzerwelt macht. Manche Drehs finden in schönen Häusern statt. In Hotelsuiten, mit Whirlpool, mit Außenanlage, Gärten. Kommt immer drauf an. Bei vielen geht es auch nur um den Sex an sich. Die finden in abgeranzten Privatwohnungen oder Billighotels statt. Davon abgesehen sind einige Pornodarstellerinnen nebenher Prostituierte, arbeiten selbstständig oder im Bordell und verdienen sich mit Pornos was dazu. Ich habe mich zwischendurch, wenn keine Drehs stattfanden, auch immer wieder prostituiert, privat zuhause.«

Selena: »Was sind deiner Erfahrung nach die gefragtesten Kategorien? Was wollen die Konsumenten?«

Jess: »Frau und Frau, Ageplay, also ältere Frau und junger Mann oder alter Mann und junge Frau. Blowjob und anal. Die Vorstellung, etwas Verbotenes zu tun, was sie in ihrem eigenen Leben nicht tun können, spielt eine Rolle und wird von der Pornoindustrie geliefert. Das sieht man gut an den Titeln der Filme. Die Freundin des Mannes verführt seine Mutter oder Schwester. Männer stehen auf Lesbenspiele, bei denen sie sich vorstellen können, dabei zu sein. Dann weiter Fetische, Frauen, die sich sonstwas in die Vagina stecken, was dort nicht reingehört, je größer, desto besser. Frauen als Schulmädchen verkleidet mit Zöpfen und Uniform. Hab ich auch oft gemacht. Dazu noch anzüglich an einem Lolli lutschen. SM ist sehr gefragt. Frauen mit exotischem Aussehen, ganz besonders Asiatinnen, weil die sehr jung wirken. Oder das Gegenteil ältere Frauen. Die Phantasie von Mutter und Sohn.«

Selena: »Es fällt auf, dass das Nachspielen von Inzest oft in Pornos vorkommt.«

Jess: »Das ist schon immer so. Illegale Dinge werden im Porno für den Zuschauer real. Im Porno ist alles erlaubt, es gibt keine Tabus. Keine lästigen Kondome, keine Grenzen. Dort genießen die Frauen aus

Sicht des Zuschauers Gewalt und Schmerz und vor allem Demütigung. Der Mann kann sich die Frauen aussuchen ...«

Selena: »Sogar nach Ethnie und Hautfarbe, wenn man sich die Porno-Kategorien anschaut ...«

Jess: »Ja, stell dir das mal im normalen Leben vor. Aber im Porno ist es normal, dass du begutachtet wirst wie auf dem Viehmarkt.«

Selena: »Hat deine Familie damals den Einstieg nicht bemerkt, du warst ja noch minderjährig?«

Jess: »Ich habe zu der Zeit im Heim gelebt. Dort fliegst du, sobald du volljährig bist, raus und in der Zeit davor war es auch kein Kunststück weg zu sein. Tagsüber hab ich meine Ausbildung gemacht, was ich als sinnloses Zeit absitzen gesehen habe, somit hab ich ständig geschwänzt und mich irgendwie durchgemogelt, bis ich die Ausbildung abgebrochen habe. Was ich in meiner Freizeit gemacht habe, hat niemand mitbekommen und als ich volljährig war, hat es niemanden mehr interessiert. Wäre in einem normalen Elternhaus vielleicht anders gewesen, obwohl das auch keine Garantie für irgendwas ist. Genug junge Frauen kommen aus ordentlichen Verhältnissen und rutschen trotzdem ab, weil sie die falschen Freunde haben oder von falschen Männern verführt werden.«

Selena: »Wie ging es weiter, nachdem du in die professionelle Szene kamst?«

Jess: »Die Produzenten wissen genau, wie sie mit den Mädels reden müssen und wie sie sie einschüchtern können. Wenn man unsicher wirkt, machen sie es sich leichter, indem sie mit subtilen Drohungen beginnen. Bei mir war es eine Mischung aus Komplimenten, damit ich selbstbewusster werde und weil sie wussten, dass ich privat und beruflich keine Perspektive hatte, keine Familie, keinen Job, systematische Abwertung, indem sie mir klar machten, dass ich keine Alternative hatte, was stimmte. Zu diesem Zeitpunkt hatte ich schon kaum noch Kontakt zu früheren Freundinnen. Alle Bekannten hatten irgendwas mit den Pornodrehs zu tun. Es kommt mir heute verrückt vor, dass ich meinem Freund immer noch vertraut habe, aber so war es. Ich wollte ihm gefallen, wollte, dass er bei mir beibt. Von dem Zeitpunkt an ging es zur Sache. Wir, also die Frauen, bekamen Befehle und führten sie aus. Ich nahm Speed (Anm. S.B.: Speed ist eine Droge, die kurzfristig eine erhöhte Euphorie und Enthemmung auslöst, die Leistungsfähigkeit steigert und Durst, Hunger sowie Müdigkeit nahezu ausschaltet. Die Risiken reichen von Kreislaufzusammenbruch, Koma bis hin zu Herzinfarkt und Tod), rauchte und trank Alkohol. Davon gibt es an den Filmsets immer was. Bei Mädchen, die aus besseren Verhältnissen als ich kamen, noch Familie hatten, wurde gedroht die Videos an die Eltern zu schicken, wenn sie plötzlich aufhören wollten. Wenn du dann einmal drogensüchtig oder alkoholabhängig bist, machst du immer weiter, denn woher willst du sonst das Geld bekommen, dir das leisten zu können? Mir haben sie am Ende gesagt, dass ich auf der Straße lande und wir uns auf dem Strich wieder sehen, weil sie mir nicht mit anderen Dingen drohen konnten. Ich hatte ja nichts mehr zu verlieren.«

Selena: »Von wem kamen diese Drohungen?«

Jess: »Vom letzten Produzenten und mehrere der Leute mit denen ich gedreht habe, also auch Darsteller, haben sowas geäußert.«

Selena: »Kannst du beschreiben, wie ein typischer Dreh ablief?«

Jess: »Am Ende habe ich fast nur noch Hardcorefilme gedreht. Das bedeutet, dass extreme Praktiken gezeigt werden und Geschlechtsteile in Nahaufnahme. Frauen benutzen Betäubungssprays für den Rachen, um den Würgereflex beim Blowjob auszuschalten, damit der Mann seinen Schwanz bis in die Kehle stecken kann. Analsex gehört sowieso dazu.«

Selena: »Das führt doch zu vielen Verletzungen, oder?«

Jess: »Ich weiß nicht mehr, wie viele Analfissuren ich über die Jahre hatte, aber es waren viele. Wer sowas mal hatte, weiß, dass es höllische Schmerzen sind, weil die Risse nicht heilen können. Jeder Toilettengang wird zur Qual und die Drehs erst recht. Es blutet hellrot, jedes Mal beim Drehen oder wenn du Stuhlgang hast. Irgendwann saß ich auf Toilette und es war so viel Blut am Papier, dass ich Angst bekam. Die Wunden werden vom Kot immer wieder verunreinigt und können nicht heilen. Als ich gar nicht mehr weiter wusste, habe ich am Set darum gebeten, erstmal keine Analszenen mehr drehen zu müssen. Der Produzent sagte mir, ich soll mit Analplugs vordehnen, der menschliche Körper würde mehr aushalten, als man denkt. Damit ließ er mich stehen. Ich habe mich nicht getraut, zum Arzt zu gehen, viel zu peinlich, und habe dann wirklich begonnen Plugs vorm Drehtag zu verwenden, die ich stundenlang, meist über Nacht, trug. Es hat Jahre gedauert, überhaupt zu merken, was ich meinem Körper antue.«

Selena: »Zu den Schmerzen und den Heilungsproblemen steigt auch noch das Risiko für übertragbare Krankheiten ...«

Jess: »Ja. Kondome gab es fast nie. Die verhindern, dass der Zuschauer sehen kann, wie der Mann abspritzt und das ist es, was alle sehen wollen. Der Mann könnte sie vorher abstreifen, aber meine Erfahrung ist, dass das so gut wie nie gemacht wird und Kondome einfach gleich weggelassen werden. Manche Produzenten legen Wert auf regelmäßige Bluttests, aber du weißt doch nie, was der Mann in der Zwischenzeit privat getrieben hat. Sowas bietet keine Sicherheit. Also lebt man in der Gewissheit, dass man schon längst krank sein könnte, aber das hab ich genauso verdrängt, wie alles, was ich gemacht habe und was mit mir getan wurde.

Nach meinem Ausstieg hab ich alles testen lassen, was es zu testen gibt, und hatte glücklicherweise nichts, was man nicht behandeln konnte. Nur die Vaginalflora ist auch nach mehreren Behandlungen nicht in Ordnung und ich habe ein Reizdarmsyndrom entwickelt. Beim Toilettengang habe ich immer Schmerzen. Meine Tage kommt unregelmäßig und bleibt oft aus, aber dafür hat meine Frauenärztin keinen Grund gefunden. Sie meint, es gehört zu den psychischen Traumafolgen ...

Aber jetzt bin ich von deiner Frage abgewichen, du hattest nach einem typischen Dreh gefragt. Also am Anfang wird meistens irgendein belangloses

Zeug geredet als Einleitung. Die Klischees kennt man und die werden immer wieder verarbeitet. Wie der Mann, der zur Arbeit fährt und die Frau bekommt Besuch von einer Freundin oder dem Postboten und dann wird gevögelt. Männer mögen die Vorstellung, dass Frauen, die selbstverständlich nur beste Freundinnen sind, es heimlich miteinander treiben. Genauso mögen sie die Vorstellung von Mutter und Tochter. Dafür werden Darstellerinnen mit entsprechendem Altersunterschied benutzt. Ich hab mehrere solcher Filme gedreht, ich war Anfang zwanzig, die andere Frau über vierzig, das genügt schon für den optischen Unterschied. Das Drumherum ist unwichtig, weil es sowieso niemanden interessiert. Bei Mann-Frau-Szenen geht es dann los, indem der Typ seinen Schwanz rausholt und die Frau muss dafür sorgen, dass er in Stimmung kommt. Viele Darsteller werfen vorsorglich Viagra ein. Es passiert aber trotzdem, dass das Filmteam auch mal drauf warten muss, dass der Typ kann. Da wirst du als Darstellerin aufgefordert, dafür zu sorgen, denn der Blowjob gehört sowieso dazu. Meist am Anfang. Danach herumturnen in allen möglichen und unmöglichen Positionen. Als Frau bist du eigentlich permanent auf deinen Knien. Wenn man mal auf dem Rücken liegt, werden die Beine bis hinter den Kopf gebogen. Du fühlst dich wie eine Gummipuppe, gibst gestörte Laute von dir, wie gefordert. Mittendrin, wenn du denkst, es ist gleich geschafft, brechen sie ab, sagen dir, was du anders machen sollst. Nochmal von vorn. Auf dem Rücken liegen habe ich am meisten gehasst, denn dabei siehst du den irren Blick der Männer und liegst auch noch unter ihnen. Sie zerren und biegen dich in die Position, wie sie dich wollen. Greifen ins Haar, ziehen an den Haaren, halten den Kopf fest die Hüften, greifen deine Brüste als wären sie Knetmasse. Und dann das große Finale, worum es nur geht. Der Typ hört auf und entweder muss man nochmal zum Blowjob ansetzen oder er legt selbst Hand an und schleudert dir sein Zeug auf den Körper. Wenn man Gangbangs macht, was sehr gefragt ist, sind es mehrere Männer gleichzeitig. Das ging bei mir nicht ohne, dass ich mich geistig ausgeklinkt hätte. Irgendwann vor ein paar Jahren habe ich online gelesen, dass es dafür den Begriff Dissoziation gibt. Wenn du das Gefühl hast, neben dir zu stehen, nicht mehr du zu sein, sondern einfach weg bist. Das hilft. Es ist einerseits beängstigend und gleichzeitig schön. Bei mir wurde es durch die Drogen noch verstärkt. Dann war alles egal.«

Selena: »Wie ist es für dich, jetzt über all das zu reden?«

Jess: »Ich weiß nicht. Es ist komisch. Ich kann nicht beschreiben, wie es ist. Vor einem Jahr wusste ich nichtmal, dass es Frauen gibt, die sich gegen Pornos aussprechen. Ich habe im letzten halben Jahr gemerkt, dass ich nicht allein bin, dass es vor mir schon viele gab, die Dinge öffentlich gemacht haben. Die meisten Menschen finden Porno normal. Über das Elend, was wir Darstellerinnen durchleben, wollen sie nichts wissen. Wenn mal eine auspackt, was sie erlebt hat, wird es als Einzelfall hingestellt, dabei ist es die Realität. Wenn ich was nicht mehr hören kann, ist es die Aussage, jeder hat die Wahl und solche dummen Sprüche wie: Leben und leben lassen. Die Leute waschen ihre Hände in Unschuld, ignorieren das Leid, damit sie sich nicht damit beschäftigen müssen, und halten so ihr Gewissen rein. Sie sagen, wir würden das alles freiwillig tun und wenn wir sagen, dass es nicht so ist, sagen sie, dann können wir doch aufhören. Das ist so unrealistisch. Bei mir geht die Angst nach dem Ausstieg langsam in Wut über. Ich denke, das ist ein gutes Zeichen. Ich bin als siebzehnjähriges Mädchen in die Branche gerutscht. Wie kann man dabei von wirklicher Freiwilligkeit reden? Einmal angefangen, kommst du nicht mehr raus, jedenfalls nicht einfach so. Ich weiß das, aber ich gebe mir trotzdem die Schuld daran, weil ich es zugelassen habe. Inzwischen weiß ich, dass nicht ich das Problem war und dass es nicht meine Schuld war, aber ich gebe sie mir trotzdem. Das ist paradox.«

Selena: »Wie ging und geht es nach dem Ausstieg für dich weiter?«

Jess: »Ich mache gerade ein Praktikum bei einer Fotografin und möchte selbst fotografieren lernen und ich hoffe, bald eine Traumatherapie anfangen zu können.«

Selena: »Möchtest du abschließend noch etwas sagen?«

Jess: »Ich würde gern noch was zu den Frauen sagen, die es akzeptieren, dass ihre Männer Pornos schauen, wenn das ok ist.«

Selena: »Natürlich.«

Jess: »Frauen glauben, dass es für Männer normal ist Pornos zu schauen und sie das hinnehmen müssten. Sie sehen sich als etwas Besseres als uns Darstellerinnen. Aber wir tun das oder haben es getan, weil EURE Männer genau das wollen. Sie wollen das auch von euch. Sie behandeln euch gut, solange ihr mitmacht oder sie gehen zu Prostituierten und holen sich dort das, was ihr nicht tun wollt, bei Frauen, die es müssen und keine Wahl haben. Erinnert euch daran, wie euch Ex-Freunde bei der Trennung oder danach behandelt haben. Viele von euch waren dann auch plötzlich Schlampen und die Neue an seiner Seite hatte eure Rolle übernommen. Die Frauen in Pornos sind nicht anders als ihr. Eure Männer, die Pornos schauen, sehen euch genauso wie uns, auch wenn sie es nicht zugeben. Für diese Männer seid ihr austauschbar, weil sie durch ihren

Pornokonsum lernen, dass jede Frau austauschbar ist. Duldet nicht, dass euch Männer so sehen und so behandeln. Verbringt euer Leben nicht mit solchen Männern, die nur eure Körperöffnungen sehen.«

Selena: »Hab vielen Dank für dieses Interview.«

Jess: »Danke, dass du mich gefragt hast.«

Nachwort

Während ich kurz vor der Fertigstellung dieses Buches bin, hat gerade der Krieg in der Ukraine begonnen. Schon in den ersten Kriegstagen warnen Feministinnen vor Zuhältern, die es an den Grenzen auf ukrainische Frauen und Kinder abgesehen haben und veröffentlichen Aussagen von Freiern, die sich bereits die Hände reiben, und in ihrer üblichen widerlichen Manier über ukrainische Frauen, die nun bald hier sein werden, im Internet reden. Dennoch suchen Gemeinden und Städte öffentlich nach Privatpersonen, die Flüchtlinge aufnehmen wollen, in dem guten Glauben, alle Menschen wollen nur helfen und es wird schon nichts passieren. Frauen und ihre Kinder werden Fremden zum Fraß vorgeworfen. Es wäre die Aufgabe der Städte geeignete, und vor allem sichere, Unterkünfte zur Verfügung zu stellen.

Diese Ignoranz gegenüber notwendigem Frauenschutz ist bezeichnend für unsere patriarchale Gesellschaft, die Kultur des Wegschauens, der Ignoranz. Wie ich in diesem Buch versucht habe darzulegen, betrifft es unzählige Bereiche. Unser Leben als Mädchen und Frauen ist von Verachtung und Hass geprägt und dieser wird in bestimmten Bereichen sogar negiert und schön geredet. Der Staat bietet Frauen keinen Schutz. Es bleibt abzuwarten, wie die aktuelle Geschichte der geflüchteten Frauen ausgeht. Doch man muss nicht hellsehen können, um es bereits zu ahnen. Tausende werden in der Prostitution landen oder vergewaltigt werden.

Radikaler Feminismus fordert die Befreiung aus dem Patriarchat und dessen Überwindung. Er fordert keine Gleichberechtigung auf Basis von Ausbeutung. Er fordert keine gleichen Chancen auf Basis von »friss oder stirb«. Sondern uneingeschränkte Menschenrechte für Frauen und Mädchen. Gleichberechtigung fordern, ist kein Feminismus, denn Gleichberechtigung im Patriarchat ist gleichberechtigte Ausbeutung und Gewalt und diese geht immer zu Lasten von ärmeren, schwächeren Frauen. Gleichberechtigte Frauen tun das, was Männer tun. Feminismus kämpft jedoch gegen das Patriarchat. Wir nennen den ganz normalen

Feminismus »radikal«, um dem Begriff seine Bedeutung zurückzugeben, die ihm genommen wurde.

Wir sind von unseren Zielen noch weit entfernt, aber Frauen sind stark. Wir werden keine Ruhe geben, wir haben verstanden, dass uns niemand etwas schenkt und wir sind nicht bereit, länger freundlich zu lächeln. Glücklicherweise wächst die Anzahl der Radikalfeministinnen kontinuierlich. Es sind Frauen, die realisiert haben, wie normal und gesellschaftlich akzeptiert Frauenhass bis heute ist und wie wir dabei sind, die Rechte, die unsere Vorgängerinnen erkämpft haben, wieder zu verlieren, wenn wir es nicht verhindern. Feminismus funktioniert nur konsequent und kompromisslos.